KB166908

어린 왕자
―내 안의 구도자―

THE LITTLE PRINCE

모든 어른의 마음속에는 울고 있는 아이가 있다

어린 왕자

내 안의 구도자

박규현 지음

도서출판
수신제

세상은 늘 가혹했고 삶은 늘 고달팠다. 인간은 늘 고뇌했고, 그래서 구원과 웃음을 만들어내지 않을 수 없었다.

지구라는 별의 가장 진화한 존재로서 인간의 운명은 별 자체의 모든 가능성과 고통을 다 껴안는다는 데 있다. 그래서 가장 조악한 수준에서부터 가장 찬란하고 장엄한 수준에 이르기까지 광대무변한 세계가 인간 내면에 응축되어 있다. 가장 비참하고 가장 위대한 존재 가능성이 비동시적으로 동거한다.

해와 달, 꽃과 풀처럼 '있는 그대로'의 완전성에 머물 수 없는 인간은 항상 더 나은 존재와 세상을 찾아 떠도는 우주의 나그네다. 어쩌랴. 그것이 운명이라면 즐겨 맞을 수밖에!

인간의 내면과 외면, 의식과 행동, 개인과 사회구조는 완전히 조응된 일체다. 주체와 대상, 자아와 타자도 마찬가지다. 그러나 인간 의식과 감정은 이 불가분 일체의 세계를 수

시로 임의 분리시켜왔고 그로 인해 늘 새로운 존재적 질병을 만들어왔다. 스스로 만든 질병에 맞서 스스로 번민하고 깨우치기를 반복하는 것이 인생이라면 지나친 말일까?

현대 한국 사회는 이러한 존재 병리가 특별히 압축된 사회인 듯하다. 흔히 말하는 '압축 성장 사회'라는 개념이 이를 잘 반영한다. 우리 할아버지, 할머니들은 전근대 농경사회에서 태어나 식민지와 전쟁, 군부독재를 거쳐 산업화, 민주화를 경험하고 다시 현란한 정보화, 세계화 사회를 맞고 있다. 수 세기에 걸쳐 진행된 역사가 개인의 내면을 짓눌러온 셈이다. 자연에서건 인간 사회에서건 모든 발전은 분화와 통합의 직물 짜기처럼 진행된다. 그런데 우리의 압축 발전은 통합의 힘이 분화의 힘을 따라잡기 버겁게 만들고 말았다. 그 결과가 오늘 우리가 살아가는 현실이다. 그리하여 누구나 한마디씩 상투적으로 말하듯 총체적인 가치관 혼란을 면치 못하고 있다.

청산되지 않은 식민지 잔재로 인해 남은 민족 자존감의 상처가 늘 있다. 거기다 냉전적 국제 질서에 휘둘린 동족상잔의 상처도 덧대어졌다. 폐허가 된 나라에서 살아남기 위해 양육강식의 논리도 항존한다. 빠른 산업화는 계급투쟁을 만들어냈지만 계급의 균형 조절 시스템은 생략해버렸다. 생존을 위한 무한 성장과 사대주의의 논리는 어느새 '현실주의'라는 명목으로 포장되고 제도화되어 합리주의, 민주주의를 껍데기로 만들어버렸다. 수많은 문제를 외면하거나 미봉하고 '빨리빨리'를 외쳐온 병영식 돌파 논리는 모든 세대의 마음을 근본적으로 병들게 했다. 그 결과, 우리 사회의 모든 세대와 세력들은 저마다 양보할 수 없는 '생존 정당화 논리'로 무장한 채 더 이상 다채로울 수 없는 갈등 격화의 파노라마를 연출한다. 어쩌면 그것이 '다이내믹 코리아'의 동력이라는 착각이 들 만큼.

이 상처받은 영혼들의 회한과 울분이 '먹고살기 바쁜 현실' 속에서도 어김없이 누적되어왔다. 그래서 우리 사회의 모든 세대와 세력들은 비분강개가 넘친다. 10대는 입시지옥에 병들고 분노한다. 20대는 불공정 스펙 경쟁에 지친다. 30대는 정신없이 벌어도 워킹 푸어를 면치 못한다. 40대는 이른 퇴출의 불안을 달고 산다. 50대는 대책 없는 노후와 끝나지 않은 자식 뒷바라지에 쫓겨 미래 없는 황혼에 접어들고 60대는 억울한 퇴물 취급에 직면한다. 교육받은 젊은 세대들일수록 정치에 무관심하고 나이와 교육 수준에 반비례해서 투표율이 높은 신기한 정치 문화도 생겼다. 종교가 앞장서서 돈벌이를 찬양하는가 하면, 최고 엘리트층이 가장 전근대적인 미신, 주술 문화의 소비층이 되는 불가해한 현상도 있다.

이 모든 혼돈을 어떤 철학도, 사상도, 종교도 위로하지 못했다. 1980년대를 풍미했던 민주화의 공의公義는 냉전의 붕괴와 금융자본 세계 체제의 등장 앞에 쓰러졌다. 다양해지는 사회에 진보적으로 적응하고자 했던 포스트모더니즘의 유행도 거대한 구시대적 현실 논리와 비전 부재의 내적 결함으로 시대정신이 될 수 없었다. 사람들은 약탈적 경제와 부정한 정치, 위선적 도덕과 탐욕적인 종교, 비전 없는 형이상학에 지치고 넌더리를 내면서도 그 모든 것들이 원래 찾고자 했던 가치 중 무엇도 포기하지 못하고 살아간다. 그래서 우리 사회는 위로가 필요하다.

『어린 왕자』는 그 위로를 담고 있는 책이다. 개개 현실에 딱 맞아떨어지는 맞춤형 위로는 아닐지라도 이 모든 혼돈과 상처의 저변에 깔린 공통의 아픔을 어루만져준다. 인간 존재 자체가 가질 수밖에 없는 자기모순과 비극이 무엇인지, 그것이 어떻게 시작되어 발전해가고 어떻게 치유될 수 있는지를 말한다. 몸에 좋은 보약이 환자 맞춤형 처방약이 될 수는 없지만 면역과 회복에 도움을 주는 것은 분명하다.

『어린 왕자』는 대개 각 문명의 핵심 종교로 표현된 동서양의 전통 지혜의 정수를 담고 있다. 고통의 시작과 끝. 이것을 다루지 않는 종교도 시대정신도 성립될 수 없다. 그리고 그것은 우리 의식과 정체성이 어떻게 생겨나 변화하는지에 대한 논의를 피할 수 없다. 다양한 시대와 문화에 따라 성인들의 가르침도 다양하지만, 많이 이들이 직관하듯 그 가르침의 핵심을 관통하는 공통의 깨달음이 있고 『어린 왕자』는 바로 이 점을 아름답게 상징화한 책이다. 『어린 왕자』는 필자가 읽은 가장 아름다운 책 중 하나다. 재미있는 사실은 필자가 『어린 왕자』를 감명 깊게 본 때가 나이 마흔을 넘기고 나서라는 것이다. 어린 시절의 『어린 왕자』에 대한 기억은 대략 SF 소설 같은 인상만 남아 있다. 그러나 나이 마흔에 다시 접한 『어린 왕자』는 마치 내 인생 내내 화두를 집약해놓은 바이블 같은 느낌을 주었다! 얼마나 놀라운 발견이었던지.

『어린 왕자』의 첫 마디는 이 책을 어른에게 바치는 것에 대해 어린이들에게 양해를 구한다는 말이다. 이것 역시 어른이 되고 나서 다시 읽고야 발견한 것이지만. 적어도 내게 있어 『어린 왕자』는 양서의 수준은 훌쩍 넘고 고전의 수준도 넘어 경전을 넘보는 듯한 책이다. 그것도 전혀 고압적이지 않고 아름다우며 형이상학적이지 않고 친절히, 다시 읽을 때마다 '마음의 때'를 씻어주는 고마운 책이다. 언젠가 필자의 이런 느낌을 많은 사람들과 나누고 싶었다. 아직도 우리나라에서 초등학교 전용인 것마냥 읽히는 풍토에 이것이 어른을 위한 마음의 위안서임을 드러내보이고 싶었다. 그래서 『어린 왕자』가 수많은 어른들의 손에서 다시 읽히고 해석되기를 바란다. 그러나 마음과 달리 짧은 필력에 대한 걱정으로 오랜 기간 망설임 끝에 첫 감동 이후 몇 년의 시간이 지난 지금에야 내보인다.

우리는 갈가리 찢긴 인간 정신의 내면과 문화의 통일에서 희망을 찾아야 한다. 전문성이란 미명 아래 삶의 핵심적인 가치들을 외면하고 건강한 분화가 아닌 저질의 분열을 유지 내지 확대하는 태도로는 우리 삶의 오늘을 헤쳐나가지 못할 것이다. 동양과 서양, 종교와 과학, 일상과 수행, 가치와 사실, 경쟁과 협력이 화해할 수 없는 상극으로 허위 대립을 이루고 있는 이 구조가 근본적으로 변화할 때, 우리는 희망에 대해 말할 수 있다. 그러자면 우선 이 모든 태도의 근원이자 정당화 통로인 우리 내면의 자기 분열부터 마땅히 치유되어야 한다. 그리고 그 구체적 변용은 가장 근본적인 존재론적 질문에 대한 답을 품지 않으면 안 된다. 바로 이 지점에 『어린 왕자』의 미덕이 있다. 어린이의 친구를 넘어 어른의 길잡이로서 『어린 왕자』를 찾아 다시 떠나보자.

2015년 새봄 박규현

PART ❶ 인생, 그 고통의 바다

PART ② 방랑하는 욕망

PART
3 '자아' 라는 감옥

'우는 아이'를 품고 사는 어른에 대한 위로

나는 이 책을 어른에게 바친 데 대해 어린이들에게 용서를 빈다. 그럴 만한 중대한 이유가 내게는 있다. 이 어른은 이 세상에서 나와 가장 친한 친구인 것이다. 또 다른 사정이 있다. 이 어른은 모든 것을, 어린이들을 위해 쓴 책까지도 이해할 줄 안다는 것이다. 세 번째 사정이 있다. 지금 이 어른은 프랑스에서 살고 있는데 거기서 굶주리며 추위에 떨고 있다. 이 어른을 위로해주어야 한다.

이 모든 사정들도 부족하다면, 지금 이 어른이 되어 있는 예전의 어린아이에게 이 책을 바치고 싶다. 어른들도 처음엔 다 어린이였다.(그러나 그걸 기억하는 어른들은 별로 없다.) 그래서 나는 헌사를 이렇게 고친다. '어린이였을 때의 레옹 베르트에게.'

— 『어린 왕자』, 서문

생텍쥐페리가 서문에서 밝히고 있듯 『어린 왕자』는 어른을 위한 책이다. 이 어른은 이 세상에서 나와 가장 친한 친구라고 한다. 나와 가장 친구가 누구인가? 바로 나 자신이다. 내가 나의 친구라고?

우리의 자아는 분열되어 있다. 세상과의 일체감 속에서 태어난 인간은 유아기를 거치며 환경과 분리된 개체로서 자의식을 지닌다. 흔히 이 개체 의식은 다시 정신과 육체로 분리되어 설명되는데, 육체는 '죄의 근원'으로, 정신은 '정체성'으로 이야기되곤 한다. 언어와 교육이라는 사회화 과정을 통해 인간은 특정 이념, 사상, 종교, 소속감 등을 자아와 동일시함으로써 정체성을 형성한다. 이는 결국 '이상적 자아상'을 선택함으로써 내면의 다른 목소리를 부정하거나 억압하는 과정을 동반한다. '페르소나'라고 불리는 억압된 자아상이 생겨나는 이유다. 이렇듯 자아에는 자기 분열과 고립의 역사가 스며 있기 마련이다. 하지만 이렇게 타자화된 자아는 스스로 만든 경계에서 근본적으로 불안하고 외롭다. 경계의 안과 밖은 갈등을 불러일으키므로 경계는 언제나 잠정적 전선戰線이 된다. 이 갈등의 드라마는 어디까지나 자기와의 싸움이자 구원이다. 모든 구원은 자기 구원인 것이다. 그리고 이 자기 구원의 파노라마가 『어린 왕자』의 주제다.

내가 확장되면 그것이 곧 내가 맺고 있는 주변 관계가 되고 그것이 확장되면 곧 우리가 '세계'라 부르는 시공간이 된다. 그러므로 나와 주변과 세상은 밀도만 다를 뿐 불가분 관계다. 세상의 모든 갈등이 곧 내 속으로 내면화되고 나의 모든 의식과 행동이 곧 세상을 이룬다. 세상이 아무리 원망스럽고 지저분하고 싫어도 피할 수 없다. 자신을 떠날 수 있는 인간이 없듯….

이른바 '악'은 멀리 있지 않다. 추악한 정치권력은 어쩌면 모든 사람이 지닌 권력욕이 발현한 것일지도 모른다. 국민을 상습적으로 기만하고 부정을 저지르는 지도자는 그럴 줄 알면서 묵인, 용인, 수용한 투표자들의 심성을 대변한다. 흔한 변명으로 '속았다'고 할지 모르나 실은 그 묵인을 통해 자신도 얄팍한 이익이나마 얻으려는 탐욕의 결과 아닌가? 부패로 얼룩진 권력은 멀리 있는 듯하지만, 이기적 탐욕은 '평범한 얼굴'을 하고 버젓이 내 안에 있다. 그러니 세상을 아무리 원망해도 소용없다. 그 세상을 가능하게 한 내 안의 탐욕과 갈등이 문제다. 그래서 작가는 자기 구원을 통한 현대 문명 전체의 구원이라는 위대한 시도를 하겠다고 나선다.

"이 어른은 모든 것을, 어린이들을 위해 쓴 책까지도 이해할 줄 안다"

어린이를 위한 책을 이해할 줄 안다는 말은 무슨 뜻일까? 어른들이 탐욕에 찌들지 않은 아이의 심성을 늘 간직하고 있다는 믿음을 보여주는 말이다. 그리고 이것이 바로 구원의 가능성이다. 만약 인간이 불가역적으로 악해지기만 하는 존재라면 어떤 성인군자도, 구원도, 깨달음도, 중생 구제도 불가능한 이야기가 된다.

인간은 무한히 선할 수도 있고, 악할 수도 있다. 가장 위대한 행위와 가장 잔인하고 추악한 행위 모두가 가능한 것이 인간이다. 그렇다고 그 둘이 산술적으로 같은 정도만큼 존재한다는 이야기가 아니다. 선악의 문제는 『프랑켄슈타인』의 명대사가 말하듯 "나는 선하게 태어났으나 고통이 나를 악마로 만들었다"가 진실이다. 나는 이 '근대 문명'이 근본적으로 거짓과 기만에 기초한다고 생각한다. 그 이유는 바로 이 인간 존재에 대한 본말 전도의 인식을 출발점으로 삼고 있기 때문이다. 널리 알려진 '사회계약설'은 인간 자체와 자유에 대한 극단적 불신을 전제한다. 한마디로 성악설이다. 실제로 역사상 모든 법치주의는 바로 이 성악설에 기초했다.

법치주의는 근본적으로 형식 논리의 제도화와 강제적 집행이다. 근대사회는 법치주의를 거리낌 없이 가장 훌륭한 통치 형태로 떠받들고 있지만 늘 거센 반론에 부딪쳐왔다. 일찍이 공자가 "소송을 잘하는 것이 문제가 아니고 소송이 없는 사회를 만들겠다"고 한 이유는 뭘까? 소송은 분쟁을 타자의 힘으로 강제 해결하는 방식이다. 그러나 타자의 힘에 의해 굴복한 개인은 참회하기는커녕 복수심만 키울 뿐이다. 그리고 이렇게 원한의 앙금을 남긴 해결은 문제 해결을 지연시킬 뿐이다. 문제는 반드시 더욱 악화된 방식으로 되돌아온다. 더구나 겉으로 굴복하고 속으로 인정하지 않는 상태는 그 자체가 이미 위선과 기만이요, 그래서 더 큰 내적 갈등의 씨가 된다. 인간 내면이 위선, 기만, 갈등으로 가득 차면 그 사회가 부패하지 않을 도리가 있는가? 그래서 공자는 법치주의가 인간을 후안무치하게 만든다고 질타했던 것이다. '법대로'를 편의적으로 외치면서 법에만 걸리지 않으면 어떤 악행도 괜찮다는 식의 태도는 이미 우리 주변에 널려 있다. 거꾸로 어떤 선행도 법에 저촉되면 그것으로 사회적 제재를 면할 길이 없다. 선해도 처벌받고 악해도 용서되는 일들이 점점 늘어난다. 이미 '유전무죄, 무전유죄'라는 끔찍한 말이 횡행하지 않는가. 왜 이렇게 되고 말았을까? 그 출발은 이 문명이 인간도, 인간의 자유도 애초에 불신한 데 있다. 현대 문명은 이기적, 탐욕적 인간을 당연한 듯 전제한다. 그런데 과연 인간은 처음부터 탐욕으로 뭉쳐 있었을까? 자연 상태의 인간, 자유로운 인간은 끔찍하게 이기적인가? 인류학자들이 발견한 수많은 오지 원주민들은 어떤 문명 사회보다 호혜적이며 평화로운 사회를 이루고 살았다. 옛 라다크의 주민들, 잉카 문명의 후예 인디언들이 그랬고 '시애틀 추장의 편지'로 유명한 아메리카 인디언들이 그랬다. 법이 없고 자유로운 상태에서도 타고난 선한 본성과 자발적 윤리 도덕으로 운영되는 공동체의 사례는 얼마든지 있었다.

그렇다면 현대 문명은 왜 이런 거짓말이 필요했을까? 자본주의 체제적 필요가 그런 속임수를 요구하기 때문이다. 자본주의는 끝없는 생산과 발전만이 유지 조건이므로 그 생산과 발전을 이어가기 위해 끝없는 낭비가 필요하다. 그 낭비의 구조화를 정당화하기 위해서는 탐욕이 인간 본성이라고 말해야 했던 것이다. 처음부터 인간은 탐욕적이다, 경쟁은 당연한 것이고 자연은 사고팔기 위한 예비상품일 뿐이라고 말이다. 이는 체제의 필요를 곧 인간 본성으로 치환해 정당화한 것에 지나지 않는다. 진실은 어떤 인간의 마음에든 내면 깊이 어린이로 상징되는 순수성, 신성, 영혼이 깃들여 있다는 것이다.

"지금 이 어른은 프랑스에서 살고 있는데 거기서 굶주리며 추위에
떨고 있다"

이 어른이 겪는 굶주림과 추위는 물리적 상태뿐만 아니라 마음의 굶주림이요 추위다. 그리고 굶주림, 추위는 고통과 불안의 상징이다. 인간은 결핍된 것을 욕망한다. 의욕이 강하다는 것은 결핍감이 강하다는 말과 동의어다. 프랑스라는 경쟁력 강하고 잘나가는 선진국은 그 의욕 과잉의 결과 아니겠는가. 결핍은 곧 고통, 불안의 씨앗이다. 찬란한 물질문명 안에서도 우리는 늘 마음의 굶주림과 추위에 떨고 있다.

고통과 불안을 안고 사는 이는 자신의 고통과 불안을 타자에게 전가함으로써 회피하려 하고, 거기서 인간의 모든 악행이 나온다. 부패를 저지르는 이들이 늘 하는 말은 "목구멍이 포도청이다. 먹고살려고 했다"는 변명이다. 그런데 재미있는

것은 돈과 권력을 그러쥔 이들도 악행이 드러나면 이와 똑같은 변명을 일삼는다는 점이다. 이는 불안한 심리가 실제 부와 권력이 있다고 해서 사라지지 않는다는 것을 보여준다. 결핍과 욕망의 메커니즘은 늘 상대적 비교에서 시작되는 것이므로 아무리 가진 것이 많아도 고통과 불안이 사라지지 않는다.

고통과 불안은 인간을 공격적이고 잔인하고 거짓되게 만든다. 거짓말을 하는 경우 대개 사실을 말했을 때 예상되는 결과에 대한 공포, 불안이 있어서 거짓말을 하게 된다. 내가 나약하다는 자의식은 일체 타자에 대한 배타적 경계심을 낳고, 할 수만 있다면 사전에 타자를 완전히 제압하고 싶다는 투쟁심을 낳는다. 우리 집에는 큰 강아지, 작은 강아지 두 마리가 있는데, 함께 산책하면 늘 많이 짖는 쪽은 작은 놈이다. 이유는 간단하다. 그놈이 더 불안을 느끼고 있어서 그렇다. 사람 마음도 이 점에서 동물과 다르지 않다. 결국 이 심리적 불안, 공포를 없애지 않으면 인간의 악행은 어찌할 도리가 없다. 불안, 공포는 무지를 낳고 무지는 탐욕을 낳고 탐욕은 분노를 낳고 분노는 갈등을 낳고 갈등은 곧 전쟁 상태 그 자체다. 우리 마음 속에서 이미 세상의 온갖 악이 다 일어나기에 그것의 투사로서 이 세상이 온통 부조리 천지가 되는 것이다. 부와 권력이 우리를 구원하지 못한다는 메시지는 모든 스승들의 한결같은 가르침이었다.

"이 어른을 위로해주어야 한다"

이 문장의 위로는 연민, 공감, 사랑의 다른 표현이다. 강제나 억압, 투쟁으로 해결할 수 있는 갈등은 없다. 이 점은 대단히 중요하다. 왜 위대한 성인들은 사랑과 자비만이 평화와 구원에 이르는 길이라고 이야기하는가? 세상의 악을 신적인 힘으로 청소해버리라고 권한 성인은 없다. 그것이 실제로 해결책이 될 수 없기 때문이다. 그러므로 분쟁이 일어나면 어느 한 편의 손을 들어주는 것이 중요한 것이 아니고 분쟁을 일으키지 않아도 되는 상태로 돌아가도록 해야 한다. 그러니 성인들이 '싸우지 않아도 되는 마음 상태'에 이르자며 사랑과 자비를 설파한 것 아닌가.

고통과 불안에 쫓기는 이에게는 위로가 필요하다. 그렇게 쫓기지 않아도 된다는 안심이 필요하다. 우는 애 때리면 더 울 듯, 몰아붙인다고 사라질 문제가 아니다. 더 큰 굴복과 더 큰 반작용이 있을 뿐이다. 그러므로 이 문제는 극복될 수 있는 것이 아니라 다만 해소될 수 있을 뿐이다. "어른들도 처음에는 다 어린이였다." 나는 생텍쥐페리의 이 말에 다음과 같이 덧붙이고 싶다. "모든 어른들 누구나 마음속에는 울고 있는 아이가 있다"고. 더 바라고 더 슬퍼하는 이 아이를 달래지 않으면 우리에게 희망은 없다.

THE LITTLE PRINCE

PART
1

인생,
그 고통의 바다

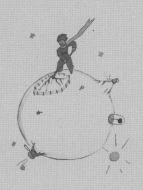

THE LITTLE PRINCE

CHAPTER 1

가면 쓴 인생

내 나이 여섯 살 때 『체험담』이라는 제목이 붙은, 밀림에 관한 책에서 멋있는 그림 하나를 본 적이 있다. 그것은 보아뱀이 맹수를 삼키고 있는 그림이었다. 그걸 옮겨놓은 그림이 위에 있다. 그 책에 이런 말이 있었다.

보아뱀은 먹이를 씹지 않고 통째로 삼킨다. 그런 다음 몸을 움직일 수 없게 되어 먹이가 소화될 때까지 여섯 달 동안 잠을 잔다. 나는 그 그림을 보고 나서 밀림의 여러 가지 모험들을 곰곰이 생각해보았으며, 마침내 색연필을 들고 나의 첫 그림을 용케 그려냈다.

나의 그림 제1호, 그건 다음과 같았다.

나는 내 걸작을 어른들에게 보여주며 내 그림이 무섭지 않으

냐고 물어보았다. 어른들은 대답했다.

"아니, 모자가 왜 무서워?"

내 그림은 모자를 그린 게 아니라 코끼리를 소화시키고 있는 보아뱀을 그린 것이었다.

그래서 나는 어른들이 알아볼 수 있도록 보아뱀의 속을 그렸다.

어른들에겐 항상 설명을 해주어야 한다. 내 그림 제2호는 아래와 같았다.

어른들은 나에게 속이 보였다 안 보였다 하는 보아뱀의 그림 따위는 집어치우고, 차라리 지리나 산수, 역사, 문법에 재미를 붙여보라고 충고했다. 나는 이렇게 해서 내 나이 여섯 살 적에 화가라고 하는 멋있는 직업을 포기했다. 나는 내 그림 제1호와 제2호의 실패로 그만 기가 죽었던 것이다. 어른들은 자기들 혼자서는 아무것도 이해하지 못하고, 그렇다고 그때마다 자꾸자꾸 설명을 해주자니 어린애에겐 힘겨운 일이었다.

그래서 나는 다른 직업을 골라야 했고, 비행기 조종을 배웠다. 나는 세계의 여기저기 제법 많은 곳을 날아다녔다. 그 덕분에 나는 한 번 쓱 보아도 중국과 애리조나를 구별할 수 있었다. 밤의 어둠 속에서 길을 잃을 때 지리는 매우 편리하다. 나는 이렇게 살아오는 동안 착실한 사람들을 많이 만나 자주자주 접촉을 했다. 나는 오랫동안 어른들과 함께 살며 그들을 아주 가까이서 보아왔다. 그렇다고 해서 내 의견이 크게 달라지지는 않았다.

나는 좀 똑똑해 보이는 사람을 만날 때마다, 항상 품고 다니던 내 그림 제1호를 꺼내 그를 시험해보곤 했다. 그가 정말 이해력 있는 사람인가 알고 싶었던 것이다. 그러나 늘 이런 대답이었다.

"그건 모자로군요."

그러면 나는 보아뱀 이야기도, 처녀림 이야기도, 별 이야기도 꺼내지 않았다. 나는 그가 알아들을 수 있는 트럼프 이야기, 골프 이야기, 넥타이 이야기를 했다. 그러면 그 어른은 분별 있는 사람을 또 하나 알게 되었다고 아주 흐뭇해하는 것이었다.

▲ ▲ ▲

거절당하기 좋아하는 사람은 세상에 없다. 그러나 거절을 겪지 않는 사람은 세상에 없다. 모든 거절은 어떤 식으로든 상처를 남긴다. 그런데 그냥 소소한 일상의 일이 아니라 인생 자체가 일종의 자연스러운 본성을 거부하는 데서 시작한다면?『어린 왕자』첫 장은 그러한 거절의 상처로 '사회적 인간' 의 삶이 시작됨을 보여준다.

그림 1 **우로보로스의 뱀**

그림 2 **복희와 여와**

어린 시절의 화자는 밀림 보아뱀의 그림을 보고 넘치는 상상력을 발휘했다.『어린 왕자』의 첫 구절에 등장하는 이 뱀은 전체의 중간과 끝에도 다시 등장하는 중요한 상징이다. 많은 고대 신화에서 뱀은 인간 인식 능력과 지혜의 상징으로 쓰였다. '맹수를 잡아먹는 뱀'. 이것이 무엇을 의미하는지는 천변만화한 해석이 가능하다. 욕망을 집어삼키는 의식이라 볼 수도 있고 영원히 끝나지 않는 음과 양의 이항대립으로 읽을 수도 있다. 이러한 이항대립의 운동으로 세계가 순환하는 상징으로 볼 수도 있다. 앞의 그림들은 그런 인류 문화 초기 단계의 상상력들을 보여준다.

〈그림 1〉은 '머리와 꼬리'가 맞물린 상으로, '시작과 끝'이 서로를 삼키고 있어 '시간' 개념이 성립되지 않기에 '영원'의 상징으로 해석된다. 종교적 의미의 영원이란 영구 지속이 아니라 시간성에 대한 초월로 이해되는데, 시작 혹은 끝이라는 개념이 있어야 시간적 유한성 개념이 탄생하고 그로부터 소멸과 죽음에 대한 공포도 시작되기 마련이다. 그러므로 시작과 끝이 봉합된 상은 그런 유한성 개념이 만들어지기 이전의 영원을 상징하는 것이다.

반면 〈그림 2〉는 전형적인 음양의 나선형적 대립 공존을 보여준다. 일단 인간의 인식이 발달하기 시작하면 가장 먼저 세계에 대한 이원적 파악이 나타난다. 인식의 본질적 속성이 하나를 다른 하나로 구별 짓는 것이며 그 구별의 첫 단계는 대립물의 정립, 즉 A와 A 아닌 것의 대비를 통해 인식이 시작되기 때문이다.

하필 뱀이 '운동과 변화'의 상징으로 선호된 이유는 뭘까? 그것은 뱀이 '껍질 벗는 것', 즉 반복적인 존재의 도약을 대표하기 때문이다. 다른 한편, 뱀을 비롯한 파충류는 인류의 초창기 동굴 시절 인간이 접할 수 있었던 가장 가까운 동물이기도 했을 것이다. 공교롭게도 오늘날 뇌과학에서 밝힌 인간

뇌는 좌, 우 양 반구와 3단 구조를 지니고 있는데, 가장 아래에 기저핵이 있고 그 위에 대뇌 변연계, 최상부 전두엽에 신피질이 형성되어 있다. 그리고 각 부분은 암묵 기억, 감정, 논리적 이성을 관장한다. 그런데 동물의 진화 과정에서 기저핵 부분은 파충류, 변연계는 포유류, 전두엽은 영장류에서 발달이 두드러진다. 인간 의식의 발달도 이 모든 단계를 거친 점을 생각해보면 고대인들이 뱀을 의식 성장 발달의 가장 기초 상징으로 삼았던 것은 절묘한 바가 있다. 그래서인지 인도 요가 전통에서는 인간의 단계적 의식 상승 과정을 뱀의 상승 과정에 비유하기도 했다.

무한한 상상을 자극하는 그림을 보고 화자가 그린 1호 그림은 그야말로 상상 만발의 '코끼리를 삼킨 뱀'이었다. 그리고 어른들에게 "무섭지 않느냐?"고 묻는다. 그러나 어른들에게서 되돌아온 답은 '소통 불능'이라는 결과였다. 첫 번째 거부, 즉 '상상력'에 대한 거부가 일어난 것이다. 전혀 이질적으로 보이는 것들의 신비한 결합. 인간만이 가능한 상상은 창조의 다른 이름이다. 우리는 어린이가 구구단을 앞으로 뒤로 능숙히 외우면 '참 똑똑한 놈'이라고 할 것

그림 3 **상승하는 의식—뱀**

이다. 그러나 어린이답게 '어흥, 나는 호랑이다' 하며 노는 애들은 '유치한 녀석'이라고 하기 십상이다. '참 똑똑한 짓'은 조건-반사의 반복 학습으로 동물도 어느 정도 이룰 수 있는 능력이고 '유치한 짓'은 오로지 인간만이 가진 최상의 의식이다. 내가 아닌 다른 존재가 될 수 있다는 상상. A가 A가 아니고 B와 합해져서 C가 될 수 있다는 상상. 그 상상이 인간을 창조적이게 한다. 그러나 상상력 없는 어른들은 화자의 역작을 이해하지 못한다.

그래서 나온 그림이 2호다. '보아뱀-상상의 모자-구체의 코끼리'로의 변화 과정은 다름 아닌 상상에서 현실로 의식이 변화하는 과정이며, 이를 통해 인간 의식은 전일적이고 통합적인 세계를 분리된 것으로 인식하기 시작한다. 모자는 모자고 코끼리는 코끼리라야 한다. 시작은 시작이고 끝은 끝이라야 한다. 그 둘이 합해지는 일이 있어서는 안 된다는 것이 이른바 형식 논리의 탄생이다. 그런데 그림 2호마저 무참히 거부당한다. 두 번째 거부가 일어났다. 이번에는 "속이 보였다 안 보였다 하는 보아뱀의 그림 따위는 집어치우고, 차라리 지리나 산수, 역사, 문법에 재미를 붙여보라"는 핀잔을 들었다. 네가 좋아하는 것이 무엇인지가 중요한 것이 아니고, 사회가 무엇을 필요로 하는지가 중요하다는 말이다. 그리하여 이 불쌍한 화자는 마음의 문을 닫아버리고 만다. 내 관심의 방향과 내용이 모두 거부당하면 누구든 속으로 웅크

려들기 마련이다. 하지만 이 세상이 그러한가? 사랑은 사랑이고 증오는 증오일 뿐인가? 그 둘은 합해질 수 없는 것인가? 사랑해서 증오하거나 사랑하면서 증오할 수는 없는가? 원수(증오의 대상)를 사랑할 수는 없는가? 형식 논리에는 어긋나지만, 세상에는 부합하는 수없이 많은 것들을 우리는 알고 있지 않은가? 여하튼 화자는 스스로 납득하지 못한 채 거부당했다.

진심을 숨기고 사회가 인정하는 무엇이 되는 것. 자기 천성을 버리고 남이 원하는 자신의 상을 만들어 뒤집어쓰고 사는 것. 누구든 다소간 이런 삶을 살지 않는가? 그런 점에서 인간은 누구나 자기만의 가면을 하나씩 쓰고 사는 셈이다. 이 가면을 '페르소나'라고 한다. 페르소나는 원래 그리스 비극의 주인공들이 쓰고 나온 가면을 지칭하는 말이다. 우리의 인격이 마치 연극배우의 역할과 같은 성격으로 만들어짐을 빗댄 말이다. 재미있는 것은 그 역할에 너무나 동화되어버리면 이것이 자신이 선택한 것이었음을 잊고 가면이 곧 자기 자신이라고 생각하고 살아가게 된다는 점이다. '페르소나persona'라는 용어에서 개인의 성격을 칭하는 '퍼스낼리티personality'가 나왔다. 그렇다면 사실 개성이란 것도 사회화 과정에서 타자의 욕망이 내면화된 것으로 볼 수 있다. 이렇게 선택되고 꾸민 자아의 뒤에는 늘 원래 자아가 숨어 있다. 이렇게 뒤로 웅크린 자아를 '그림자 자아'라고 한다. 우리 인생은 이미 그 초기에 이렇게 가면과 그림자로 분열되어버린다. 이것은 누구에게나 예외 없이 벌어지는 일이요, '교육'이라는 제도의 일부가 되어버렸다. 문자 교육과 함께 인간의 인식은 '모든 것이 연결되어 있는' 아날로그적 세계에서 개별 대상의 정확한 분리와 분류를 내용으로 하는 디지털적 세계로 바뀐다. 이어서 분석과 계산을 기초로 삼는 근대 학문의 반복 학습은 의미 연관이 생략된 디지털적 분리 의식을 결정적으로 강화한다. 그래서 현대인들은 대부분 왜 해야 하는지 모르고 강요된 학습이라는 과정을 피할 수 없게 된다. 그 과정에서 적응을 위한 페르소나와 그림자의 갈등도 커지고, 그 간극이 클수록 내적 상처도 커진다.

가끔 진심을 소통할 수 있는 사람을 찾아 어린 시절의 꿈을 드러내 보이지만 상대가 소통 불능임을 확인하면 곧 거둬들이고 만다. 『어린 왕자』의 이야기를 무시하고 어른들은 '트럼프 이야기, 골프 이야기, 넥타이 이야기'로 돌아간다. 우리 식으로 얘기하자면 주식 이야기, 집값 이야기, 정치 이야기, 자녀 교육 문제 등등이겠다. 철학자 하이데거가 현대인의 특징으로 '잡스러운 호기심, 반복되는 수다, 존재에 대한 애매모호한 태도'를 든 것은 날카로운 지적이다. 이렇게 되고 마는 이유는 이 장에서 보다시피 '자기성 망각, 존재 망각'에 있다. 정작 자신의 관심과 애정은 외면하고 꾸며낸 삶을 살 때 인생의 공허가 시작된다.

CHAPTER 2

수직의 침묵

———

나는 이렇게 해서 진심을 털어놓고 이야기할 사람도 없이 혼자 살아왔다. 그러다가 육 년 전, 사하라 사막에서 비행기 사고를 만났던 것이다. 기관의 부속 하나가 부서져 나갔다. 기관사도 승객도 없었던 터라, 나는 그 어려운 수리를 혼자 감당해볼 작정이었다. 나로서는 죽느냐 사느냐 하는 문제였다. 가진 것이라고는 겨우 일주일 동안 마실 물밖에 없었다.

첫날 저녁, 나는 사람이 사는 곳에서 수천 마일 떨어진 사막 위에 누워 잠이 들었다. 넓은 바다 한가운데 뗏목을 타고 흘러가는 난파선의 뱃사람보다도 나는 훨씬 더 외로운 처지였다. 그러니 해 뜰 무렵 이상한 작은 목소리가 나를 불러 깨웠을 때나는 얼마나 놀라웠겠는가. 그 목소리는 이렇게 말했다.

"저……양 한 마리만 그려줘요!"

"뭐!"

"양 한 마리만 그려줘……."

나는 벼락이라도 맞은 듯 벌떡 일어섰다.

나는 열심히 눈을 비비고 주위를 조심스럽게 살폈다. 아주 신기한 꼬마 사람이 엄숙하게 바라보고 있었다. 여기 그의 초상화가 있다. 이 그림은 내가 훗날 그를 모델로 그린 그림 중에서 가장 훌륭한 것이다. 그러나 내 그림이 그 모델만큼 멋이 있으려면 아직 멀었다.

그렇다고 내 잘못이 아니다. 내 나이 여섯 살 적에 나는 어른들 때문에 기가 죽어 화가라고 하는 작업에서 멀어졌고, 속이 보이는 보아뱀과 보이지 않는 보아뱀 외에는 한번도 그림 공부를 해본 적이 없지 않은가. 아무튼 나는 놀란 눈을 휘둥그레

뜨고 홀연히 나타난 그 모습을 바라보았다. 사람이 사는 곳에서 수천 마일이나 떨어진 곳이 아닌가.

그런데 나의 꼬마 사람은 길을 잃은 것 같지도 않았고, 피곤이나 굶주림이나 목마름에 시달려 녹초가 된 것 같지도 않았으며, 겁에 질려 있는 것 같지도 않았다. 사람이 사는 곳에서 수천 마일 떨어진 사막 한가운데서 길을 잃은 어린아이의 모습이 전혀 아니었다. 나는 마침내 입을 열어 겨우 이렇게 말했다.

"그런데……넌 거기서 뭘 하고 있어?"

그러나 그 애는 무슨 중대한 일이나 되는 것처럼 아주 천천히 같은 말을 되풀이했다.

"저……양 한 마리만 그려줘…….."

수수께끼 같은 일을 만나 너무 놀라게 되면 누구나 감히 거역하지 못하는 법이다. 사람이 사는 곳에서 수천 마일 떨어져 어른거리는 죽음을 눈앞에 두고, 그것이 말할 수 없이 터무니없는 일이라고 생각하면서도 나는 주머니에서 종이와 만년필을 꺼내지 않을 수 없었다. 그러나 나는 그때 내가 특별히 공부한 것이라고 해보아야 지리와 역사, 산수와 문법 따위임을 생각하고 (기분이 좀 언짢아서) 이 꼬마 사람에게 나는 그림을 그릴 줄 모른다고 말했다. 그는 대답했다.

"괜찮아. 양 한 마리만 그려줘."

나는 한번도 양을 그려본 적이 없기 때문에, 내가 그릴 수 있는 단 두 가지 그림 중에서 하나를 그에게 다시 그려주었다.

속이 보이지 않는 보아뱀의 그림을. 그런데 놀랍게도 그 꼬마 사람은 이렇게 답하는 것이었다. "아냐! 아냐! 난 보아뱀의 뱃속에 있는 코끼리는 싫어. 보아뱀은 아주 위험하고, 코끼리는 아주 거추장스러워. 내가 사는 데는 아주 작거든. 나는 양을 갖고 싶어. 양 한마리만 그려줘."

그래서 나는 이 양을 그렸다.

그는 조심스럽게 살펴보더니 "아냐! 이건 벌써 몹시 병들었는걸. 다른 걸로 하나 그려줘!"

나는 다시 그렸다.

내 친구는 얌전하게 미소 짓더니, 너그럽게 말했다.

"아이 참……이게 아니야. 이건 숫양이야. 뿔이 돋고……."

그래서 나는 다시 그림을 그렸다.

그러나 그것 역시 먼저 그림들처럼 퇴짜를 맞았다.

"이건 너무 늙었어. 나는 오래 살 수 있는 양이 있어야 해."

그때, 기관을 분해할 일이 우선 급했던 나는 더 이상 참을 수가 없어서 아무렇게나 쓱쓱 그린다는 게 이 그림이었다.

그러고는 던져주며 말했다.

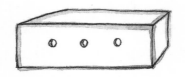

"이건 상자야. 네가 갖고 싶어 하는 양은 그 안에 들어 있어."

그러나 놀랍게도 이 꼬마 심판관의 얼굴이 환하게 밝아지는 것이 아닌가.

"내가 말한 건 바로 이거야! 이 양을 먹이려면 풀이 좀 많이 있어야겠지?"

"왜?"

"내가 사는 곳은 너무 작아서……."

"그거면 충분해. 정말이야. 내가 그려준 건 조그만 양이거든."

그는 고개를 숙여 그림을 지긋이 바라보았다.

"그렇게 작지도 않은데……. 이것 봐! 잠이 들었어……."

나는 이렇게 해서 어린 왕자를 알게 되었다.

———

▲ ▲ ▲

누구나 묻고 아무도 답하지 않는 질문
─ 왜 살지?

화자는 "진심을 털어놓고 이야기할 사람도 없이 혼자 살아왔다"고 한다. 있는 그대로의 자신이 거부당하고 소통이 막힌 결과다. 우리는 어떤가? 우리는 '진심'을 털어놓고 소통할 사람을 얼마나 두고 사는가? 자연스러운 욕구와 욕망이 온갖 사회적 규범과 틀에 의해 거부되어 자신을 숨기고 사는 인간들이 과연 진심을 털어놓을 수는 있을까? 입 밖으로 내뱉으면 시시한 인간 취급을 당할까봐, 혹은 낙인찍힐까봐 두려워하는 상태에서 투명한 소통이 가능할까? 앞 장에서 보았듯 이미 마음의 문도 닫아버렸는데 말이다.

그러다 드디어 '사고'가 났다. 사막에 불시착한 것이다. 기관 하나가 고장난 게 불시착의 원인이다. 동력의 상실을 의미하는 대목이다. 그렇다. 우리 인생에서도 이런 사고는 누구에게나 가끔 벌어진다. 한마디로 살기 싫은 순간이 오는 것이다. 열심히 살기는 하는데, 자기실현에서 오는 기쁨은 없고 그저 먹고살기 바쁜 일상들 속에서 문득 왜 이러고 사는지 의문이 들 때가 온다. 내가 무엇을 바라고 살고 있는지 아무것도 모르게 되는 그런 순간이 온다. 이 순간을 피하지 않고 파고들면 새로운 자기 발견의 세계가 열리겠지만, 대강 회피하고 지나가면 인생은 다시 오리무중 속의 여정으로 돌아가 덧없이 흘러가버리고 만다. 다행히 화자는 이 도전을 피하지 않고 덤벼볼 모양이다.

"기관사도 승객도 없었던 터라, 나는 그 어려운 수리를 혼자 감당해볼 작정이었다"고 한다. 기관사가 나를 끌어주는 사람이라면 승객은 내가 책임질 사람일 것이다. 참으로 우리 인생에서 실존의 의미가 문제가 될 때는 그야말로 아무도 나를 도와줄 이가 없다. 그럴 수밖에 없다. 이미 부모나 선생은 우리가 우리 자신이 아니도록 만든 장본인들이므로 여기에 도움을 줄 수 없다. 위선적 가면을 쓰고 살면서 만든 관계 역시 마음의 짐이 될 뿐이다. 앞에서 말했듯 이미 진심을 털어놓을 사람이 없는 상황이므로 오직 홀로 해결할 수밖에 없는 것 아닌가.

"나로서는 죽느냐 사느냐 하는 문제였다. 가진 것이라고는 겨우 일주일 동안 마실 물밖에 없었다." 이런 종류의 문제는 일단 제기되고 나면 이보다 더 절실한 것은 없어진다. 삶이 의미가 없다고 느껴질 때, 이를 극복하지 못하고 아무 일 없었던 듯 살아갈 사람은 없다. 게다가 현실은 우리에게 여유를 주지 않는다. 내게 고민이 생겼다고 그 고민의 해결까지 기다려주지 않는다. 일상의 요구는 매 순간 닥치고 외부의 추궁과 압박은 끊이지 않는다. 그래서 '일주일 마실 물' 밖에 없는 상황이라고 한다.

말을 막는 침묵, 말을 위한 침묵

사막은 내 마음의 두 가지 상태를 상징한다. 하나는 불모의 인생이라는 의미에서 황량함이요, 다른 하나는 그런 황량함의 끝에서 수다를 멈춘 상태의 침묵이다. 홀로 그 황량한 마음을 들여다보고 있으면 무슨 일이 벌어질까? 한없는 침묵의 명상 끝에서는 누구에게나 같은 일이 일어난다. 페르소나에 매몰되어버린 자신을 되돌아보게 되고, 가면 아래 감춰져 있던 그림자가 일어선다.

침묵은 '공허를 덮기 위한 수다'를 멈추게 한다. 말을 위한 말로 끝없이 자기 증식하는 수다에 제동을 건다. 이에 따라 다중의 동의가 만들어낸 틀에 안주하던 자신의 의식 전체를 되돌아보게 한다. 그런 의미에서 침묵은 말을 막는다. 하지만 거기서 더 나아간다. 수다를 그친다는 것은 더 이상 일상 자극에 반응하며 길들여진 기계적, 위선적 자신을 용납하지 않겠다는 결의다. 이는 잊고 살았던 자신의 존재 전체를 되돌아보게 하고, 그럼으로써 진정성 있는 새로운 소통과 말로 돌아오기 위한 필수조건으로 작용한다. 그래서 침묵은 말을 막기도 하지만 새로운 말의 탄생을 위한 것이기도 하다.

불교에서는 지관止觀이라는 용어를 쓴다. '멈춤'과 '봄'이다. 멈춤은 자신도 모르게 프로그래밍되어 있던 배후의 동력을 끈다는 뜻이다. 거기에는 우리의 본능뿐 아니라 사회화에 의해 강제된 모든 가면들도 포함된다. 그 멈춤 이후에야 비로소 망각되었던 질문인 "나는 어떤 존재이고 어떤 삶을 살아야 하는가?"에 대한 자기 성찰이 가능하다. 그 정직한 자기 직시에서 일상의 감정과 이성을 뛰어넘는 새로운 통찰이 생긴다.

한없이 바쁘게만 살아왔던 삶의 여정 가운데서 문득 되돌아보는 시간. 살던 대로 살아가기에 지치는 어느 순간. 그래서 내면으로 침잠해 들어가는 고독의 시간. 이 모두가 새로운 직관을 만들어내는 침묵의 의미와 상통한다. 이는 기존의 말을 막는 침묵이며 새로운 말을 위한 침묵이다. 침묵을 통한 새로운 말은 더 이상 말에서 말로 이어지는 '수평' 언어가 아니다. 그것은 통념과 습관을 벗어난 더 높은 의식 상태에서 내리꽂히는 '수직'의 언어다. 그 새로운 언어를 향한 구도자가 이미 나의 내면에 있었다. 그가 바로 '어린 왕자'다.

내 안의 구도자, 어린 왕자

그 황량함의 끝에서 잊고 산 원래의 자기, 어린 왕자가 나타난다. 그래서 어린 왕자의 첫 말은 '양을 그려 달라'는 것이다. 화자의 좌절당한 꿈이 그림 그리기였음을 기억하자. 또 다른 자기 내면의 요구를 들었을 때 화자는 멈칫한다. 세상에 길들여진 시간이 길었으므로 새삼스레 원래 자기와의 대면이 오히려 낯선 것이다. 잊은 듯 혹은 포기한 듯 살아왔기에 내면에 억누르고 살았던 것들의 귀환이 당혹스러웠으리라.

그러나 화자는 이내 그림을 그리기 시작한다. 어린 왕자는 몇 번이고 사실적으로 그려진 양을 거부한다. 그렇다. 이 화자의 양은 처음부터 보아뱀의 그림이 그랬듯 상상력이 살아 있는 양이어야 하는 것이다. 그래서 화자의 첫 걸작인 모자-코끼리의 변형으로 상자-양이 그려졌다.

어린 왕자는 자신의 별이 작아서 걱정이었지만 화자는 양도 작으니 걱정할 것 없다고 답한다. 곰곰이 생각해보면 우리 모두가 원래 품었던 꿈은 결코 거창하지 않았다. 거창한 무엇이 되어야 한다는 강박관념은 오직 외부사회로부터 주어진 것이다. "소년이여 야망을 가져라"를 귀에 못이 박히도록 듣고 수많은 위인전기를 끝없이 읽어왔던 그 관성이, 뭔가 거창한 인간이 되지 않으면 안 될 것 같은 환상을 만들었을 뿐이다. 그러나 이러한 역할모델 혹은 이상적 자아상이 거창할수록 자신의 현재는 그에 비해 너무나 초라한 것이 되며, 이런 초라한 자신에 대한 격렬한 부정이 사회에서는 오히려 '삶에 대한 의욕'으로 장려되는 기막힌 상황이 벌어진다.

경쟁사회에서 내가 거창해진다는 것은 타인에 대한 배제와 억압을 전제로 한다. 돈, 권력, 명예 같은 것들의 사다리 구조 맨 위에 서라는 말이 바로 사회가 권장하는 거창함이다. 그러나 왜 그래야 하는가? 인간이 타고난 자연스러운 '자기성'을 완성해나가는 데 이런 경쟁이 왜 필요한가? 관심과 애정의 방향이 자기 안으로 향해 있는 사람에게는 외부와의 경쟁이 우선되지 않는다. 그러나 개성의 말살을 전제로 유지될 수 있는 사회는 우리에게 경쟁을 통한 이기적 승리의 달콤한 보상을 끝없이 부추긴다.

애초에 우리는 경쟁하거나 이기기 위해 태어난 것은 아니다. 그것이 자연의 필연이라고 우기는 이는 시장자본주의를 유지하기 위해 만든 이데올로기를 대변할 뿐이다. 자연은 경쟁하지 않는다. 자연은 자연적인 존재 모두에게 필요한 만큼의 환경을 무한대로, 그리고 무료로 제공하는데 거기에 무슨 경쟁이 있겠는가? 경쟁은 자원의 희소성을 인위적으로 조장하지 않는 이상 생기지 않는다. 호랑이가 토끼를 잡아먹는 생태계 먹이사슬을 두고 경쟁이라고 착각하지 말자. 원자를 먹고 분자가 태어났다고 해서 원자와 분자가 경쟁하는 것은 아니니까. 자기 스스로 가면과 그림자로 분리되어 살아왔고, 사회가 권장하는 가치를 좇으며 내면의 공허만 키워온 인생이었다. 그러나 그런 자기검열을 버리고 나면 사회의 인정 여부와 상관없이 작은 것에 만족해 하는 나를 재발견하게 된다.

CHAPTER 3

욕망과 억압의 이중주
── 자아의 탄생

그가 어디서 왔는지 아는 데는 오랜 시간이 걸렸다. 어린 왕자
는 내게 여러 가지 질문을 하면서도 내 질문은 전혀 귀담아 듣
는 것 같지도 않았다. 어쩌다 우연히 흘러나온 말을 듣고, 나
는 차츰차츰 모든 것을 알게 되었다. 가령, 그가 처음으로 내
비행기(내 비행기는 그리지 않겠다. 내게는 너무 복잡한 그림이라서)
를 보았을 때, 나한테 이렇게 물었다.

"이 물건은 뭐야?"

"그건 물건이 아니야. 그건 날아다니는 거야. 비행기야. 내 비
행기."

나는 내가 날아다닌다는 걸 그 애가 알아듣도록 자랑스럽게
말했다. 그러자 그는 큰소리로 외쳤다.

"뭐라구! 아저씨가 하늘에서 떨어졌어!"

"그래!" 나는 겸손하게 대답했다.

"야! 그것 참 신기하다……."

그러고는 어린 왕자가 아주 유쾌한 듯 웃음을 터뜨리는 바람에 나는 몹시 화가 났다. 나는 다른 사람들이 내 불행을 끔찍한 것으로 생각해주길 바라고 있었던 것이다. 그런데 그는 덧붙여 말했다.

"그럼 아저씨도 하늘에서 왔구나! 어느 별에서 왔어?"

나는 그 말을 듣자, 수수께끼 같은 그의 존재에 한 줄기 희미한 빛처럼 무언가 실마리가 잡히는 것 같아 다그쳐서 물어보았다.

"그럼 넌 다른 별에서 왔구나?"

그러나 그는 대답하지 않았다. 내 비행기를 바라보며 그는 가만히 고개를 끄덕였다.

"그렇겠지. 저걸 타고서야 그렇게 먼 곳에서 올 수는 없었겠다……."

그리고 그는 오랫동안 생각에 잠겨 있었다.

이윽고 그는 호주머니에서 양을 꺼내 들고 그 보물을 열심히 들여다보는 것이었다.

그 알 듯 말 듯한 '다른 별들' 이라는 이야기를 듣고 내 호기심이 얼마나 컸겠는가.

그래서 나는 좀 더 깊이 알아보려고 무척 애를 썼다.

"넌 어디서 왔니? '네가 사는 곳'이란 데가 도대체 어디니? 내 양을 어디로 데려가려는 거니?" 그는 생각에 잠긴 듯 한동안 말이 없더니 이렇게 대답했다.

"잘됐어. 아저씨가 준 상자는 밤이면 양의 집으로 쓸 수도 있 겠는데."

"물론이지. 그리고 네가 얌전히 굴면 낮에 양을 묶어둘 수 있 는 고삐도 하나 줄게. 말뚝도 주고."

내 제안이 어린 왕자의 마음을 거슬린 것 같았다.

"묶어둬? 참 괴상한 생각이다!"

"그렇지만 묶어두지 않으면 아무 데나 돌아다니다가 길을 잃 을 거야……."

그 말에 내 친구는 다시 한 번 웃음을 터뜨렸다.

"아니, 가면 어디로 가겠어요!"

"어디든지, 제 앞으로 곧장……."

그때 어린 왕자가 엄숙하게 말했다.

"괜찮아. 내가 사는 곳은 아주 작은 곳이야."

그러고는 어쩐지 좀 쓸쓸한 목소리로 그는 덧붙였다.

"제 앞으로 곧장 가봐야 그렇게 멀리 갈 수도 없어……."

———

▲ ▲ ▲

이제부터 벌어지는 모든 대화는 한 인간 안에 속한 두 인격의 대화다. 페르소나와 그림자, 사회적 자아와 내적 자아가 스스로 자문자답하는 과정이다. 조종사는 은근히 '문명의 이기'인 비행기를 자랑하고 싶어 한다. 그것이 얼마나 대단한 물건이며 그것이 망가진 지금 그로 인해 얼마나 큰일이 벌어졌는지를 과시하고 싶어 한다. 그러나 어린 왕자는 그런 조종사의 마음을 간단히 웃어넘긴다. "그렇겠지. 저걸 타고서야 그렇게 먼 곳에서 올 수는 없었겠다"라고. 『어린 왕자』에서 별은 언제나 우리의 거주지로서 마음을 뜻한다. 조종사와 어린 왕자가 서로 다른 별에서 왔다는 것은 그만큼 두 자의식 사이에 차이가 크다는 의미다. 사회적 자아는 외부를 향해 달린다. 더 성취하고 더 쌓을수록 좋다는 물질 만능, 기술 만능, 성장 지상주의로 나간다. 그러나 우리가 바라는 것이 어떤 가치나 의미인 한에서는 어떤 외적 성취도 마음의 문제에 대해 별 해결책을 내놓을 수 없다는 것이 어린 왕자의 생각이다. 그래서 비행기가 아무리 대단한 문명의 이기라 해도 마음의 문제를 해결하지 못한다는 의미의 웃음을 보인 것이다. 그러니 비행기로는 멀리 가지 못한다.

오히려 어린 왕자의 관심은 자신의 별에 있는 양에게 가 있다. 별이 마음을 상징하는 공간이라면 양은 그 위에 거주하는 동물(성), 즉 꿈틀대는 욕망을 상징한다. 어린 왕자는 양을 묶어둘 고삐와 말뚝 얘기에 기분이 상했다. "묶어둬? 참 괴상한 생각이다!"라고 반응한다. 그렇다. 실은 이 괴상한 짓으로부터 우리의 모든 불행이 시작된다. 어디에 묶는가? 도덕, 규범, 이데올로기 등등이 곧 고삐와 말뚝이다. 그런데 어떤 동물이든 구속하면 사나워지지 않는가? 또 좌절되고 금기시된 것들은 더 큰 반발을 낳지 않는가?

문명 발달사는 인간이 욕망을 죄악시해온 과정에 다름 아니다. 제도의 발달은 금기의 가짓수가 많아지는 과정이었다. 먼 옛날 인간은 어느 순간부터 '자연성'을 죄악으로 여기기 시작했다. 그래서 그로부터 멀어질 수 있는 만큼이 곧 삶의 안전이라고 여겼다. 이어서 농경과 중앙 집권과 문자가 탄생하고 이것은 정신문화를 급격히 이끌었다. 이는 곧 자기 안의 자연, 즉 육체적 욕망을 죄악시하는 데로 나갔다. 금기와 구속의 추진력은 가속도가 붙어 정신 중에서도 변덕스러운 감정을 다시 저급한 정신으로 낙인찍고, 영원불변의 진리를 찾아낼 이성만이 인간의 구원이라고 선언하기에 이른다. 자연－육체－감정에 대한 단계적 통제와 억압 과정이 문명화 자체인 것이다.

이렇게 고삐와 말뚝이 많아질수록 억눌림이 커지고 가면과 그림자의 사이는 멀어진다. 이 거리를 우리는 스트레스라고 부른다. 어린 양은 죄어드는 고삐와 말뚝들로 인해 맹수로 변해간다.

인간이 동물로, 혹은 동물이 인간으로 변신하는 모티프는 신화와 동화에서 빈번히 나온다. 그 가운데 늑대가 유독 자주 나타나는데, 어쩌면 인간은 늑대 떼가 인간의 공동체와 비슷하다는 사실을 일찍부터 알았던 것 같다. 아마도 늑대가 자비심 많은 부모 역할을 한다는 내용의 판타지가 널리 퍼진 것도 거기서 기인하는 듯하다. "인간은 인간에게 늑대다"라는 말을 직접 만들어내지는 않았지만, 그 말을 대중화한 것은 영국의 철학자 토머스 홉스였다. 하지만 이 문장은 동물의 세계에 대한 모독이다. 인간이 저지르는 끔찍한 일들은 ─십자군 전쟁에서 나치 집단 수용소에 이르기까지─동물의 세계에서 일어나지 않는다. 그 잔혹함은 우리 인간의 지성, 문화, 이상과 이데올로기의 결과일 뿐, '우리 내면의 짐승'의 발현이 아니다. 복수심, 가학성, 이단자 박해 등과 관련해서는 인간과 동물 사이에 아주 확연한 간극이 있다.

인간은 자신의 범죄를 '야수적인' 것이라 칭함으로써 자신의 책임을 모면하려고 한다. 하지만 우리는 인간이라는 종種의 엄청난 폭력성을 논하는 자리에서 인간 이성의 책임을 결코 눈감아서는 안 된다. 다른 사람이 나에게 피해를 입힐 생각을 하기 전에 그 사람을 죽이는 것이 현명한 처사라고 가르치는 것이 바로 그 이성이기 때문이다. 어떤 동물도, 물론 어떤 늑대도 그와 비교될 만한 행동을 하지 않을 것이다. 하지만 흔히 인간은 동물 메타포 혹은 본능 메타포를 이용하여 자신의 죄를 '우리 안의 동물'에게 전가함으로써 말 그대로 '그 모든 짓을 할 수 있는' 존재는 오직 인간이라는 인식을 비껴가려고 한다. 다른 말로 하면, 동물 및 본능 메타포는 인간의 자기 이해가 붕괴되는 것을 막기 위한 보호막, 자기의 부담을 덜기 위한 일종의 '면책장치' 다.

—틸 바스티안, 『가공된 신화, 인간』

　동물이나 원시인이 아니라 우리 현대인이 확실히 더 교활하고 잔인하다. 그리고 그 바닥에는 오랜 자기 학대의 역사가 깔려 있다. 인간은 스스로 만들어낸 죄의 가짓수, 고삐와 말뚝에 갇혀버렸다. 이렇게 사로잡힌 어린 양은 늑대 이미지로 변해버렸다. 그렇게 되고 나면 이제 이 고삐, 말뚝과 갇힌 양의 죽기 살기 식 맞대결을 피할 수 없다. 인간을 사로잡는 문명의 규범과 그 틀을 깨트려버리고 싶은 죄 없는 양의 사투. 사나워진 욕망, 우리는 이것을 탐욕이라 부른다. 그러나 죄라 불리는 그 탐욕은 처음부터 죄였던가? 아니면 우리가 만들어놓고 비난하는 죄 없는 우리 자신이었던가?

THE LITTLE PRINCE

CHAPTER 4

의미 상실의 세계
— 계량화

나는 이렇게 해서 또 한 가지 아주 중요한 것을 알게 되었다.
그것은 어린 왕자가 태어난 별이 겨우 집 한 채보다도 클까 말
까 하다는 것이다! 그게 그렇게 놀라운 일은 아니었다.

지구, 목성, 화성, 금성, 이렇게 이름이 붙은 큰 떠돌이별들 외
에도 아주 작아서 망원경으로도 잘 보이지 않는 다른 별들이
수백 개도 더 있다는 것을 나는 알고 있었다. 천문학자가 이런
별을 하나 발견하면 이름 대신 번호를 붙여준다. '소행성
3251.' 예를 들어 이렇게 부른다.

나는 어린 왕자가 소행성 비612에서 왔다고 생각하는데, 거기
에는 그럴 만한 이유가 있다. 이 소행성은 1909년 터키의 어
느 천문학자가 단 한 번 망원경으로 보았을 뿐이다.

그때 이 천문학자는 국제 천문학회에서 자기가 발견한 것에 대해 어마어마한 발표를 했다. 그러나 그가 입은 옷 때문에 누구 하나 그의 말을 믿는 사람이 없었다. 어른들은 늘 이렇다.

소행성 비612의 명성을 위해서는 참으로 다행스럽게 터키의 한 독재자가 그의 백성들에게 유럽식으로 옷을 입으라고 명령하고, 그렇지 않으면 사형에 처한다고 했다. 그 천문학자는 1920년에 아주 맵시 있는 옷을 입고 발표를 다시 했다. 이번에는 모두 그의 의견을 받아들였다.

내가 소행성 비612에 대해 이런 세세한 이야기를 늘어놓고, 그 번호까지 분명히 말해두는 것은 다 어른들 때문이다. 어른들은 숫자를 좋아한다. 여러분들이 새로운 친구를 사귀었다고 어른들에게 말하면, 어른들은 도무지 가장 중요한 것은 물어보지 않는다. "그 애의 목소리는 어떠냐? 그 애도 나비를 채집하느냐?" 절대로 이렇게 묻는 법이 없다. "그 앤 나이가 몇이지? 형제들은 몇이나 되고? 몸무게는 얼마지? 그 애 아버진 얼마나 버니?" 항상 이렇게 묻는다. 만일 여러분들이 "나는 아주 아름다운 장밋빛 벽돌집을 보았어요. 창문에 제라늄이 있고, 지붕 위에 비둘기가 있고……." 이런 식으로 어른들에게 말한다면, 어른들은 그 집을 상상해 내지 못할 것이다. 그들에겐 "나는 십만 프랑짜리 집을 보았어요"라고 말해야 한다. 그제야 비로소 그들은 소리를 친다. "얼마나 아름다울까!" 그러니 여러분들이 "어린 왕자가 있었다는 증거는 그 애가 멋있었다는 것이고, 그 애가 웃었다는 것이고, 그 애가 양을 갖고 싶어 했다는 것이다. 누군가가 양을 갖고 싶어 한다면 그것은 그 사람이 살아 있다는 증거다"라고 어른들에게 말한다면, 그들은 어깨를 으쓱하며 여러분들을 어린아이로 취급할 것이다.

그러나 "그는 소행성 비612로부터 왔다"고 말하면 어른들은 곧 알아듣고, 질문 따위를 늘어놓아 여러분들을 귀찮게 하지 않을 것이다. 어른들은 언제나 이렇다. 그들을 탓해서는 안 된다. 어린이들은 어른들을 아주 너그럽게 대해야 한다. 그러나 삶을 이해하고 있는 우리들은 숫자 같은 것을 대수롭지 않게 여긴다. 나는 이 이야기를 선녀 이야기 식으로 시작하고 싶었다. 나는 이렇게 말하고 싶었다.

"옛날에 자기보다 조금 클까 말까 한 별에 어린 왕자가 하나 살고 있었는데, 그는 친구가 갖고 싶어서……." 삶을 이해하는 사람들의 눈에는 이런 식의 이야기가 훨씬 더 진실하게 보였으리라. 그러나 내가 그렇게 이야기하지 못한 것은 다른 사람들이 내 책을 가볍게 읽어버리는 것이 싫었기 때문이다. 이제 이 추억을 이야기하려니 온갖 슬픈 생각이 다 떠오른다. 내 친구가 양을 가지고 떠난 지도 어언 육 년이 되었다. 내가 여기에다 그 모습을 그리려고 애를 쓰는 것은 그 애를 잊어버리지 않기 위해서다. 친구를 잊어버린다는 것은 슬픈 일이다. 누구나 다 친구를 가졌던 것은 아니다.

그리고 나도 숫자밖에는 관심이 없는 어른들처럼 되어버릴지 모른다. 내가 이제 다시 그림물감 한 통과 연필 몇 자루를 사온 것은 이것 때문이다. 내 나이 여섯 살 적에 속이 보이는 보아뱀과 속이 보이지 않는 보아뱀의 그림 외에는 전혀 손대보지 못한 내가 이 나이에 다시 그림을 시작한다는 건 힘든 일이다. 나는 물론 힘이 닿는 한 그의 모습과 가장 비슷한 초상화를 그리려고 노력하겠다. 그러나 성공할 수 있을는지 정말 자신이 없다. 어떤 그림은 그런 대로 괜찮지만 어떤 그림은 아주 다른 것이 돼버린다. 키를 어림잡는 데도 좀 서투르다.

이쪽 어린 왕자는 너무 크고 저쪽은 너무 작다. 옷 색깔을 놓고도 역시 망설여진다. 그래서 나는 이렇게도 해보고 저렇게도 해보고, 되건 안 되건 이럭저럭 더듬어본다. 필경은 아주 중요한 부분에 가서 잘못을 저지를 것만 같다. 그래도 나를 용서해주어야 한다. 내 친구는 아무런 설명도 해주지 않았다. 어쩌면 내가 자기와 같으리라고 생각했던가 보다. 그러나 불행하게도 나는 상자를 통하여 그 속에 있는 양을 볼 줄 모른다. 어쩌면 나도 얼마만큼은 어른들처럼 되어버린 것 같다. 아마 늙어버렸나 보다.

———

▲ ▲ ▲

숫자의 폭력

이 장에서 가장 먼저 볼 부분은 '겉'을 보고 판단한다는 지적이다. 옷을 그럴 듯하게 입으라고 사회가 요구하고 그 형식이 갖추어지면 '먹어준다'는 점이 날카롭게 묘사되어 있다. 우리는 놀랄 만큼 이 겉, 껍데기 정보에 민감하다. 흔히들 자기소개를 하라고 하면 고향이 어디고 출신 학교가 어디고 직장이 어디며 직위가 무엇이다 하는 정도로 한다. 하나같이 껍질들이다. 이런 껍데기 정보를 가장 단순하게 만들어버리는 것이 곧 숫자를 좋아한다는 어른들의 계량화다. 계량화를 통해 우리는 대상의 질과 의미를 잃어버리고 만다. 그래서 어른들은 도무지 중요한 것은 묻지 않는 존재가 되었다. 자연을 계량화해서 과학이라는 개념을 붙이고 인간을 계량화해서 인문과학이라고 한다. 계량화는 단지 대상을 단순화함으로써 왜곡한다는 문제뿐 아니라 그 시각 자체가 이미 대상을 일종의 도구 내지 수단으로 봄을 뜻한다. 왜냐하면 막스 베버가 지적했듯 계산의 목적은 대상에 대한 예측과 통제이기 때문이다.

언어는 근본적으로 세상 만물에 대한 분류다. 그런데 모든 분류는 추상화 – 개념화로 이루어진다. 이 추상화를 통한 개념화는 각양각색인 사물의 구체성을 생략하고 단순한 공통점들을 모아 성립된다. 가령, '인간'이라는 개념은 모든 인간의 구체적 차이를 생략하고 공통점을 임의로 합의하여 성립되는 개념이다. '아름다운' '장미꽃'의 아름다움은 그 스펙트럼이 무한하지만 대략의 느낌 상태를 범주화해서 지칭한다. '장미꽃'도 각양각색이지만 장미로서의 공통점만 지칭한다. 따라서 언어는 실재에 대한 하나의 은유다. 따라서 우리가 소통을 위해 불가피하게 언어를 사용한다 해도 이러한 언어의 근본적 한계를 늘 염두에 두어야 한다.

수학은 언어가 분류한 사물을 다시 재추상화한 인식 방법이다. 일단 어떤 대상이 지칭될 수 있다면 그것은 다시 양적으로 세어질 수 있다. '하나'라는 기수는 사과든 도토리든 개든 집이든 상관없이 지칭될 수 있는 숫자다. 함수나 대수 속에 포함된 대상은 다시 질적 차이가 생략되고 계산 대상으로만 양화된다. 숫자 속에서는 가치와 의미, 느낌과 감성은 사라진다.

과학은 이렇게 언어와 숫자로 파악된 대상을 관찰, 측정, 실험하는 행위다. 그런데 관찰과 측정에는 가설과 도구가 따르고 그 가설과 도구는 필연적으로 제한된 목적과 성질에 제약받는다. 마찬가지로 실험이라는 것도 일정한 설계와 변수 조건의 통제 아래 이루어지는 것이므로 이 역시 일종의 추상화를 면할 수 없다. 실제 역사적으로도 아리스토텔레스의 만물 분류와 피타고라스의 수적 정리가 선행하고 케플러와 갈릴레이에 와서야 실험이 지식의 보편적 입증 방법으로 자리 잡는다. 그리고 그로부터 본격적인 과학의 시대가 열렸다.

우리는 이 같은 분류, 계산, 측량에 의해 파악된 정보를 이성적, 합리적 지식이라 부른다. 근현대에서 합리적 지식은 마치 보편 진리의 기준인 양 떠받들어지지만 그것이 삼중의 추상화를 거친 인식임은 틀림없다. 매번의 추상화는 실재로부터 거리가 멀어지는 방식으로만 이루어진다. 그러므로 추상화가 거듭될수록 인식과 실재의 거리는 더 멀어질 수밖에 없다. 그래서 '지도는 영토'가 될 수 없는 것이다. 즉 합리적 지식은 실재의 은유일 수는 있으나 그것이 실재의 총체적 의미를 드러내는 데는 한계가 있다는 말이다.

지식 vs. 해석

더구나 이렇게 파악되는 합리적 지식은 본질적으로 그 심리적 동기 측면에서 대상에 대한 이용 도구로서의 시각과 지배욕을 전제한다. 이 지식은 외형적, 일방적, 독백적 지식이다. 양만을 파악하고 주체의 입장에서만 파악하며 쌍방향의 소통은 결코 없다. 만약 애정과 관심이 있는 대상에 대해서라면 우리는 섣불리 분류, 계산, 실험으로만 대하려고 하지는 않을 것이다. 부모가 자식을 분류, 계산으로만 대하지 않듯이. 또 외형이 아닌 내면을 파악하고자 한다면 주체는 대상과 끊임없는 상호작용과 소통, 의미 해석을 거쳐야만 한다. 그런 의미에서 '대화적 노력'이 있어야만 한다.

셰익스피어의 『로미오와 줄리엣』을 예로 들어보자. 이 희곡은 합리적 지식이라는 측면에서만 파악되어서는 안 된다. 그 인물의 내면을 느끼고 재해석하는 과정이 따르고, 다시 관중들과의 교감으로 평가, 재조명된다. 즉 이 희곡은 과학적 지식의 대상으로 그칠 수 없고 '해석'되어야 하는 것이다. 합리적 지식과 해석의 차이가 여기에 있다. 하나는 외형, 일방, 독백의 성격을 띠고 다른 하나는 내면, 쌍방, 대화의 성격을 띤다. 애완견에 대해 얻을 수 있는 합리적 지식과 대화적 해석은 전혀 다른 종류의 앎이다. 그런데 모든 앎을 하나의 앎으로 환원하려고 하는 경우, 우리에게 남는 것은 질이

거세된 황량한 세계 인식이 된다.

실용적, 독백적 지식도 필요한 것은 물론이다. 다만 그에 어울리는 일부의 대상에 한정되어야지 모든 앎을 대신하거나 대표해서는 안 된다. 이성은 인간에게 축복이지만 이성(만능)주의는 재앙이 된다. 그럼에도 이성과 합리성, 기술과 효율성의 기치 아래 우리의 인식은 얼마나 황량한 사막이 되었는가.

마음의 눈

화자는 다음과 같이 묘사하고 싶었다고 한다. "어린 왕자가 있었다는 증거는 그 애가 멋있었다는 것이고, 그 애가 웃었다는 것이고, 그 애가 양을 갖고 싶어 했다는 것이다. 누군가가 양을 갖고 싶어 한다면 그것은 그 사람이 살아 있다는 증거다." 멋있었다는 것은 외모를 말하는 대목이 아니다. 여기서는 존재 그 자체와 나와의 관계(=됨)를 칭하는 말이다. 웃었다는 것은 그의 행위(=함)를 말한다. 양을 갖고 싶어 함은 그의 의지를 말한다. 사람의 사람됨은 그 됨됨이와 행위, 의지에 달려 있다는 것을 이렇게 표현하고 있다. 우리 현대인은 이런 관계를 상실한 지 얼마나 오래 되었는가!

마지막으로 주목해볼 점은 화자가 그림을 글과 함께 그리려 한다는 점이다. 그러면서 화자는 묘사의 부족함을 우려한다. 그렇다. 세상을 바라보는 눈은 계량화라는 단편에 그치는 것이어서는 안 된다. 마찬가지로 논리나 이성만이 우리 인식의 전부가 아니다. 감성적 파악 역시 엄연한 인간 인식의 한 부분이며, 오히려 심리적 차원에서는 이성의 모태인데도 우리는 그 파악을 애써 외면한다. 글과 그림을 엮겠다는 것은 이처럼 화자의 마음을 모두 전달하고 싶다는 의지다. 그리고 그런 표현이 자연히 그러하듯 그것은 결코 정확한 것일 수 없다. 그것은 모호하며 유동적이며 관계적이다. 이 부분을 더 적극적으로 본다면 화자는 우리에게 정확성에 대한 집착을 내려놓아야만 무엇이든 제대로 볼 수 있다고 말하는 듯하다. 생각해보면, 정확하고 계산 가능하게 대상과 현상을 파악하고 싶다는 마음 자체가 무엇인가를 고정된 것으로 만들고 싶어 하는 심리의 소산이다. 인간의 원초적 두려움은 바로 변화에 대한 두려움이었으므로 유동하는 세계를 고정된 틀로 인식코자 하는 것은 (니체 식으로 말하자면) 노예 도덕 시대의 사회적 본능일지도 모른다. 화자는 그런 시각과 대화법을 접겠다고 선언한 것이다. 계량화에 편향된 시각을 접어두어야 비로소 내면과 관계에 주목하고 소통을 통해 공감하려는 마음의 눈이 등장할 수 있다.

CHAPTER 5

망상
—삶의 포식자

나는 별이나 출발이나 여행에 대해 날마다 조금씩 알게 되었다. 어린 왕자가 무심결에 하는 말들을 통해 서서히 그렇게 된 것이었다. 사흘째 되는 날 바오밥나무의 비극을 알게 된 것도 그렇게 해서였다. 이번에도 역시 양 덕택이었다. 심각한 의문이 생긴 듯이 어린 왕자가 느닷없이 물었다.

"양이 작은 나무를 먹는다는 게 정말이지?"

"그럼, 정말이지."

"아! 그럼 잘 됐네!"

양이 작은 나무를 먹는다는 게 왜 그리 중요한 사실인지 나는 이해할 수 없었다. 그러나 어린 왕자는 말을 이었다.

"그럼 바오밥나무도 먹겠지?"

나는 어린 왕자에게 바오밥나무는 작은 나무가 아니라 성당만 큼이나 커다란 나무이고, 한 떼의 코끼리를 데려간다 해도 바 오밥나무 한 그루도 다 먹어치우지 못할 것이라고 일러주었다. 한 떼의 코끼리라는 말에 어린 왕자는 웃으며,

"코끼리들을 포개놓아야겠네……" 하고 말했다.

그런데 그가 현명하게도 이런 말을 했다.

"바오밥나무도 커다랗게 자라기 전에는 작은 나무였지?"

"물론이지! 그런데 왜 양이 바오밥나무를 먹어야 된다는 거 지?"

어린 왕자는 "아이 참!" 하며, 그것은 자명한 이치라는 듯이 대꾸했다. 그래서 나는 혼자서 그 수수께끼를 푸느라고 한참 머리를 짜내야만 했다. 어린 왕자가 사는 별에는 다른 모든 별 들과 마찬가지로 좋은 풀과 나쁜 풀이 있었다. 따라서 좋은 풀 들의 좋은 씨들과 나쁜 풀들의 나쁜 씨들이 있었다. 그러나 씨 앗들은 눈에 보이지 않는다. 그것들은 땅속 깊이 숨어 잠들어 있다가 그중 하나가 갑작스레 잠에서 깨어나고 싶어진다. 그 러면 그것은 기지개를 켜고, 태양을 향해 처음엔 머뭇거리면 서 그 아름답고 연약한 새싹을 내민다. 그것이 무나 장미의 싹 이면 그대로 내버려두어도 된다.

하지만 나쁜 식물의 싹이면 눈에 띄는 대로 뽑아버려야 한다. 그런데 어린 왕자의 별에는 무서운 씨앗들이 있었다. 바오밥 나무의 씨앗이었다. 그 별의 땅에는 바오밥나무 씨앗투성이였

다. 그런데 바오밥나무는 자칫 늦게 손을 쓰면 그땐 정말 처치할 수 없게 된다. 별을 온통 엉망으로 만드는 것이다. 뿌리로 별에 구멍을 뚫는 것이다. 게다가 별이 너무 작은데 바오밥나무가 너무 많으면 별이 산산조각이 나버리고 마는 것이다.

"그건 기율의 문제야." 훗날 어린 왕자가 말했다.

"아침에 몸단장을 하고 정성들여 별의 몸단장을 해주어야 해. 규칙적으로 신경을 써서 장미와 구별할 수 있게 되는 즉시 곧 그 바오밥나무를 뽑아버려야 하거든. 바오밥나무는 아주 어렸을 때에는 장미와 매우 비슷하게 생겼어. 그것은 귀찮은 일이지만 쉬운 일이기도 하지." 그러고는 우리 땅에 사는 어린이들 머릿속에 꼭 박히도록 예쁜 그림을 하나 그려보라고 했다. "그들이 언젠가 여행을 할 때, 이것이 도움이 될 수도 있을 거야. 할 일을 뒤로 미루는 것이 때로는 아무렇지도 않을 수 있지. 하지만 바오밥나무의 경우에는 그랬다가는 언제나 큰 재난이 따르는 법이야. 게으름뱅이가 살고 있는 어느 별을 나는 알고 있었어. 그는 작은 나무 세 그루를 무심히 내버려두었었지……."

그래서 어린 왕자가 가르쳐주는 대로 나는 그 별을 그렸다. 나는 성인군자와 같은 투로 말하기는 싫다. 그러나 바오밥나무의 위험은 너무도 잘 알려져 있지 않았고 행성에서 길을 잃게 될 사람이 겪을 위험은 너무도 크기 때문에, 난생 처음으로 나는 그런 조심성을 버리고 이렇게 말하려 한다.

"어린이들이여! 바오밥나무를 주의하라!"

내가 이 그림을 이처럼 정성껏 그린 것은 내 친구들에게 경각심을 불러일으키기 위해서인 것이다. 그들은 나와 마찬가지로 오래전부터 자신들도 모르는 사이에 이 위험에 둘러싸여 있었다. 이 그림을 통해 내가 전하는 교훈은 이 그림을 그리느라 수고할 만한 가치가 있다는 것이다. 여러분에게는 이런 의문이 생길지도 모르겠다. 이 책에는 왜 바오밥나무의 그림만큼 장엄한 그림들이 또 없을까? 그 대답은 간단하다. 다른 그림들도 그렇게 그리려 애써보았지만 뜻대로 되지 않은 것이다.

바오밥나무를 그릴 때에는 급박한 심정으로 열성을 지니고 그
렸던 것이다.

———

▲ ▲ ▲

마음의 암 — 바오밥나무

인간은 참으로 변덕스러운 존재다. 옛말에 "하루 열두 번 마
음이 바뀐다"고도 하지 않는가. 도대체 인간은 왜 이렇게 변
덕스러울까? 이 질문에 적당한 답은 인간이 가장 진화한 존재
라는 것이다. 진화는 아래 단계의 성질을 포함하면서 더욱 복
잡해지는 과정이다. 더 복잡한 유기체는 덜 복잡한 아래 단계
존재보다 외부 자극에 대해 더 민감하고 다양하게 반응한다.

이 감각과 반응의 복잡성은 다양한 욕구의 토대가 된다.
감각, 충동, 생각, 의식, 의도, 정신 등, 우리 내면세계는 지
구상 어느 존재보다 중층적인 스펙트럼을 가지고 있다. 이
스펙트럼의 이합집산이 다양성을 낳고 그 다양성의 조합이
창조성을 낳는다. 그러므로 인간은 어느 하나로 설명될 수
없고 고정될 수 없는 다양성과 전체성 자체를 본성으로 타고
났다. 동양의 천간 지지는 12개월의 성질을 각 동물의 성질
에 비교하고 있는데, 동물들 각각의 성질을 살펴보면 인간은
그 어느 하나에도 미치지 못한다. 쥐처럼 번식력이 강하지도

못하고 호랑이처럼 용맹하지도 못하고 용처럼 변화무쌍하지도 못하고 말처럼 튼튼하지도 못하고 원숭이처럼 재주를 부릴 줄도 모른다. 우사인 볼트가 아무리 빨라도 발에 차이는 개보다 못하다. 그런데 어떻게 인간이 만물의 영장이 되는가? 인간은 그 성질 모두를 갖추고 있기 때문이다. 그 종합성, 전체성이야말로 인간다움의 전제인 것이다.

어린 왕자에 등장하는 상징들 중 요점이 되는 몇 가지가 있다. 여기 등장하는 바오밥나무가 그 첫째다. 별은 자신의 거주지, 곧 마음이다. 마음을 온통 사로잡아 버리고 종국에는 파괴해버리는 무엇. 그것이 바오밥나무다. 그것이 무엇이든, 자기 덩치만 키워 다른 모든 것들과의 공존을 불가능하게 만들어버리는 무엇. 그것이 바오밥나무다. 우리가 자연을 아름답다고 느끼는 것은 거기에 온갖 만물들이 어울려 조화를 이루기 때문이다. 그 만물의 공존, 조화가 생명과 질서의 기초다. 민둥산에 선 한 그루 나무를 두고 아름답다고 여기이는 아무도 없다. 인간이 자연의 산물 중 가장 복잡한 존재라면 우리 내면 역시 그 복잡하고 다채로운 자연을 닮았음은 자명하다. 바오밥나무는 육체의 암세포와 같은 마음의 집착, 망상이다.

인간에게는 식욕, 성욕 같은 생물학적 욕구 위에 소유욕, 권력욕, 명예욕 같은 사회적 인정 욕구도 있다. 이 모두가 어우러져 있지만 각자의 정체성 수준에 따라 어느 한 욕구가 그 사람 인생의 주요 집착 대상이 되곤 한다. 누군가는 오로지 생존의 논리로 자신과 세계의 관계를 이해하고 누군가는 해소되지 않는 성적 욕망이 평생의 동력이 되기도 한다. 돈이 최고인 사람도 있고 지위가 최고인 사람도 있다. 누군가는 개인적 자존심에 목숨을 걸고 또 누군가는 국가나 종교와 같은 거대 집단과의 자기 동일시에 목숨을 건다. 물론 겉 다르고 속 다른 경우도 많다. 그것이 무엇이 되었든 특정 욕구에 대한 집착은 내적으로 다른 욕구들을 질식시키고 외적으로 인생을 투쟁과 갈등의 장으로 만드는 원인이 된다.

문제는 개인뿐 아니라 집단 혹은 시대가 특정 욕구를 중심 가치로 설정하고 그것을 강제할 때다. 생물학적 특성을 정체성 중심으로 삼는 수준의 시대나 집단은 인종 차별을 면할 수 없다. 비형태적인 관념 중에서도 언어나 멤버십을 중요시하면 민족 차별이 발생하고 신화나 신앙을 중심에 두면 종교 차별이 나타난다. 권력욕이 바탕인 사회에서는 신분제적 차별, 개인주의를 전제한 소유욕이 중심인 사회에서는 부의 차이에 따른 계급 차별이 중요해진다. 그 부의 원천이 이성과 합리에 바탕한 지식이라 믿는 사회에서는 추가로 문화자본이라 불리는 학벌 차별이 더해진다. 이 모든 차별이 갈등과 고통의 원인이 된다. 어쩌면 우리는 행복이란 기껏해야 이 전쟁에서의 승리라고 생각하는 건 아닐까?

집착 없는 욕망, 목적 없는 열정

그런 점에서 바오밥나무는 변신의 천재다. 사회가 우리에게 요구하는 분업화, 도구화에 의해 공허해진 마음이 찾는 도피처는 종교가 될 수도, 이데올로기가 될 수도, 도락이 될 수도 있다. 어두운 밤길을 홀로 걷는 어린이는 그 공포를 이기기 위해 헝겊인형이라도 꼭 쥐려고 한다. 노래라도 부르려 한다. 그러나 그 인형과 노래는 어린이에게 마음의 위안을 줄 수는 있지만 어둠에 대해 아무것도 가르쳐주지 않는다.

종교, 사상, 이데올로기, 도락 등은 어른이 된 어린이의 불안을 달래주는 헝겊인형이다. 공허하고 불안할수록 인간은 자신의 불안을 직시하지 못하고 다른 위안에 집착한다. 그러나 부여잡으려고 하는 그것들로 인해 공허와 불안은 계속 무지 상태로 남게 되고 더 강화될 뿐이다. 그 강화된 도피처들이 자라나면 곧 또 다른 바오밥나무가 된다. 일찍이 니체는 사람이 절대적으로 의지하는 보편성 일반을 변형된 신으로 파악하고 "신은 죽었다"(사실 죽으라는 저주다)고 선언했다. 그 죽어야만 하는 신의 다른 이름이 바오밥나무다.

바오밥나무가 별을 삼키고 나면 그 바오밥나무를 뿌리 뽑는 것이 곧 별의 죽음이 되기에, 인간은 바오밥나무를 제거하기는커녕 필사적으로 지키려 하게 된다. 그리고 그 필사의 집착은 바오밥나무가 아닌 다른 모든 것들을 다 죽인다. 나의 신이 유일하다면 다른 신은 다 없어져야 하고, 내 피부색이 흰색이면 다른 색은 다 인간이 아니라고 본다. 내 민족이 최고라면 다른 민족은 마땅히 여기에 복종해야 한다. 최고만이 유의미하며 다른 열등한 것들은 무의미할 뿐이다. 이 바오밥나무들은 별만 파괴하는 것이 아니라 모든 존재에게 상처를 준다.

더 무서운 건 이 바오밥나무의 씨앗이 어렸을 때는 좋은 씨앗과 구별되지 않는다는 점이다. 그래서 방치하기 쉽고, 자라고 나면 제거하기 어려워진다. 그렇다. 인간의 모든 욕망이 탐욕은 아니다. 욕심이 없는 인간이 되라는 것이 목석 같은 존재가 되라는 말은 아니다. 모든 종교에서 폄훼되는 성욕만 해도 그것 없이는 인류 생존이 불가능한 필수불가결의 요소다. '측은지심, 사양지심, 수오지심, 시비지심'의 사단뿐 아니라 '희로애락애오욕'의 칠정도 모두 생의 근본 요소다. 욕망이 없으면 인식도 없고 창조도 없다. 생명으로서 삶 자체가 형성되지 않는다. 그러나 수많은 욕망 중 어느 하나가 자기의 독존을 외치며 편향되기 시작하면 그때 삶을 풍성하게 하는 '생산하는 욕망'은 탐욕이 된다. 시기, 질투, 이기심을 포함한 모든 악덕들도 그 씨앗 상태에서는 장미 씨앗과 다를 바가 없다. 그것이 장미 키를 넘고 드디어 장미와의 공존을 어렵게 만들 때, 그때 죄로서의 탐욕이 생겨난다.

군자는 '애이불비하고 낙이불음' 한다고 했다. 슬퍼해도 비탄에 빠질 만큼 슬퍼하지 않고 쾌락을 즐겨도 음란해질 만큼 즐기지 않는다는 말이다. 욕망은 있되 집착은 없는 경지. 열정은 있되 기억으로서의 동기와 기대로서의 단일 목적(이 모두는 집착의 다른 이름이다)에서 자유로운 경지. 우리의 어린 왕자는 그 별에 닿을 수 있을까?

CHAPTER 6

죽음에 대한 사랑,
삶에 대한 사랑

아! 어린 왕자, 너의 쓸쓸하고 단순한 생활을 이렇게 해서 나는 조금씩 알게 되었지. 너에게는 오랫동안 심심풀이라고는 해 질 녘의 풍경을 바라보는 감미로움밖에 없었지. 나흘째 되는 날 아침, 나는 그 새로운 사실을 알았지. 네가 내게 이렇게 말했거든.

"나는 해 질 무렵을 좋아해. 해 지는 걸 보러 가……."

"기다려야지……."

"뭘 기다리지?"

"해가 지길 기다려야지."

너는 처음에는 몹시 놀라는 기색이었으나 이내 자기 말이 우스운 듯 웃음을 터뜨렸지. 그러고는 나에게 말했지.

"아직도 집에 있는 것만 같거든!!"

실제로 그럴 수도 있는 일이었다. 모두들 알고 있듯이 미국에서 정오일 때 프랑스에서는 해가 진다. 프랑스로 단숨에 달려갈 수만 있다면 해가 지는 광경을 볼 수 있을 것이다. 그러나 불행히도 프랑스는 너무 멀리 떨어진 곳에 있다. 그러나 너의 조그만 별에서는 의자를 몇 발짝 뒤로 물려놓기만 하면 되었지. 그래서 언제나 원할 때면 너는 석양을 바라볼 수 있었지.

"어느 날 나는 해가 지는 걸 마흔세 번이나 보았어!"

그러고는 잠시 후 너는 다시 말했지.

"몹시 슬플 때에는 해 지는 모습이 보고 싶어⋯⋯."

"그럼 마흔 세 번이나 해 지는 걸 구경하던 날, 너는 그렇게도 슬펐었니?"

그러나 어린 왕자는 대답이 없었다.

———

▲ ▲ ▲

종말의 가르침

해가 진다는 것은 종말을 의미한다. 태양 빛에 의해 만물이 생명을 얻는 것이라면 태양의 쓰러짐은 곧 죽음이다. 죽음은 누구에게나 당연한 기피 대상으로 여겨진다. 그러나 정말 그렇게만 볼 일인가? 살아 있는 모든 생명이 죽는다는 사실만큼 확실한 것이 어디에 있는가? 그 사실을 우리는 왜 외면하고 싶어 하는가? 죽음을 직시하지 못하면 삶도 직시할 수 없다. 모든 삶은 죽음의 기초 위에 세워져 있기에 그렇다. 원자의 죽음은 분자의 삶이고 분자의 죽음은 물질의 탄생이고 물질의 죽음은 생명의 시작이다. 나의 삶은 나와 연결된 수많은 생명의 죽음 위에 서 있다. 그러므로 죽음은 그 자체로 삶의 자연스러운 한 부분이다. 나는 어제도 오늘도 수많은 생명을 죽이면서 살아간다. 내 안에서 날마다 많은 생명이 죽어가고 또 살아난다. 오늘의 내 세포는 어제의 세포가 아니며 오늘 내 의식은 어제의 의식이 아니다. 이 모든 변화와 창조가 죽음과 삶의 교차다.

솔로몬 왕이 큰 전쟁에서 승리하고 나서 그 승리를 자축하기 위해 기념 반지를 만들고자 했다. 그는 신하를 불러 자신이 크게 성취했을 때도 오만해지지 않고 실패했을 때도 좌절하지 않을 수 있는 문구를 반지에 새겨달라고 청했다 한다. 며칠을 궁리하던 그 신하가 반지에 새긴 문구는 이랬다. "이 또한 곧 지나가리라." 늘 종말을 의식하라는 말이다. 어떤 애착의 대상도 곧 지나간다. 만남은 헤어짐을, 쾌락은 고통을, 희망은 좌절을, 태어남은 죽음을 동반한다. 그래서 죽음을 의식하는 삶은 경건해진다. 그 모든 허무를 넘어서는 진정성을 찾으려는 의지는 종말을 진심으로 받아들일 때 비로소 피어난다. 모든 것이 변하고, 종말이 언제라도 내 눈앞에 다가올 수 있다는 체감은 '지금, 여기'에 충실한 삶을 요청한다.

우리는 얼마나 많은 하고 싶은 일을 미루고 사는가? 학생 때는 '대학 간 뒤 너 하고 싶은 대로 하라'는 말을 흔히 듣는다. 20대 청춘의 자유는 취직을 위한 스펙 경쟁에 저당 잡힌다. 30대는 생활 안정, 40대는 자식 교육, 50대는 노후 불안 등, 당장 눈앞에 해결해야 할 문제들 더미다. 그렇게 흘러가는 인생살이는 별일 없으면 다람쥐 쳇바퀴 같은 생존경쟁의 악순환에서 좀체 빠져나오지 못한다. 노후에나 자유롭게 살고 싶다는 소박하면서 잘 이루어지지 않는 소원 정도도 쉽지 않다. 그러나 내일이라도 눈앞에 종말이 있다는 실감을 한다면, 그래도 여전히 모든 자유를 한없이 미루고만 살 것인가? 돈 좀 벌면, 혹은 힘이 좀 생기면 그 돈과 힘으로 좋은 일 하겠다는 사람 치고 그리 하는 법이 없다. 좋은 일이든 자유든, 미루었다가 꺼낼 수 있는 물건이 아니다. 내일 종말이 온다면 오늘 새로 원수를 만들고 아옹다옹 싸울 욕심이 나겠는가? 나에게 주어진 하루의 의미를 만끽하기에도 아쉬울 텐데 말이다. 오늘이 마지막이라면 오늘 하루, 나를 아는 모든 이들을 한껏 사랑하지 않을 수 있는가? 그것이 무엇이든 어떤 원한도 용서하고 용서받지 않을 수 있는가? 종말 앞에서 인간은 무엇이 삶에서 소중하고 무엇이 허무한 것인지 누가 가르쳐주지 않아도 알게 된다. 그런 점에서 죽음, 종말에 대한 의식, 무의식적 회피는 이 소중한 것과 허무한 것의 순서를 뒤집어보는 착시 현상을 일으킨다.

우리 삶은 이미 죽음을 내포하고 있다. 따라서 죽음을 받아들임은 삶의 의미 자체를 깨닫게 해준다. 종말은 우리에게 어떤 경계를 그어준다. 그 경계로 인해 우리는 실존할 수 있다. 유한함으로 인해 유의미해진다. 무한은 곧 무의미가 된다. 곧 소멸할 것이라는 운명은 존재의 의미를 각성하게 해준다. 내일 죽을 운명이라면 오늘 나는 무엇을 할 것인가? 이 한마디의 물음은 삶의 의미를 극명히 떠올리게 한다. 공자는 아침에 도를 얻으면 저녁에 죽어도 좋다고 했다. 죽음을 앞두고 얻고 싶은 것이 있었다면 그것이 그의 천명이리라. 스피노자는 내일 지구가 망해도 한 그루 사과나무를 심겠다고도 했다. 현재 하고 있는 일 외는 달리 더 할 것이 없는 최선의 삶을 살고 있다는 의미일 것이다. 한 사람의 삶의 진정성은 죽음이라는 종말 앞에서 여실히 드러난다. 인생을 유예와 도피로 일관한 사람은 그만큼의 탄식과 허무 속에서 종말을 맞을 것이다. 죽음을 넘어선 열정과 사랑을 가진 사람은 오직 그 사랑의 과정으로 죽음도 맞을 것이다.

영원에 대한 관조

어린 왕자의 별은 너무 작아서 의자를 뒤로 조금 당기기만 하면 언제나 해 지는 풍경을 볼 수 있었다고 한다. 의자를 뒤로 당기는 행위는 실제 현실에서는 마음 자세 하나를 바꾸는 일이다. 모든 일을 그 시작뿐 아니라 끝도 함께 보는 것이다. 해가 다시 떠오르듯 소멸된 현상이 되돌아와 영원히 회귀한다는 진실에 비추어 그것을 피하지도 부정하지도 않고 직시하는 것이다. 어린 왕자는 해가 지고 만다는 소멸에 대한 직시에서 집착할 바가 없음을 본다. 그러나 그 해는 다른 모습으로 다시 떠오른다는 순환의 인식에서 영원의 새로운 의미를 본다.

영원은 시간의 지속이 아니다. 운동하는 우주에서 형태적으로 무한 지속되는 것은 존재할 수 없다. 물리적 의미의 시간이란 그 자체가 운동 변화 리듬의 측정 개념이다. 그러므로 변화 리듬을 의미하는 시간 속성 안에서 불변의 것을 추구하는 것은 애초에 성립 불가능하다. 영원은 지속이 아니라 초월이다. 즉 시간성 자체를 들이댈 수 없는 무엇. 그것이 영원이다. 시간에는 시작과 끝이 있다. 그렇다면 영원은 시작도 끝도 없는 무엇이어야 한다. 시간성을 초월하는, 시작도 끝도 없는 현상은 두 가지 차원에서 가능하다. 하나는 끊임없는 대우주의 순환이다. 둘은 전무후무한 고유성을 지닌 현상이 있다면 그 역시 영원이라 칭할 수 있다. 이전에도 일어난 적이 없고 앞으로도 일어날 가능성이 없는 일이라면 시작과 끝이 적용되지 않는다. 한 번의 일몰은 시작과 끝이 있지만 다시 뜨기를 반복하는 순환에는 끝이 없다. 동시에 지금 보는 해는 어제 본 그 해가 아닌 완전히 새롭고 고유한 해다. 같은 자리에 매년 피는 꽃도 같은 꽃이 아니다. 그것이 아무리 겉보기에 같아 보인다 해도 모든 순간은 실제로 완전히 고유하다. 그런 의미에서 순간은 고유하고 그 고유함으로 인해 '시작과 끝의 규정'을 초월하며 그래서 영원의 의미를 얻는다. 순간의 영원성을 자각하는 것이야말로 '지금, 여기'의 소중함을 깨닫게 하는 바탕이다.

심리적 의미의 시간은 과거에 대한 기억과 미래에 대한 예측, 기대다. 인간의 고통과 불안은 기억에 집착하고 그 집착을 미래로 투사하는 데서 온다. 그런데 그 기억은 객관적인 것이 아니라 편집된 것이다. 어제 무슨 일이 있었는지를 떠올려보자. 머릿속에 남는 기억은 현재 나의 필요를 기준으로 좋거나 싫은, 그래서 중요하다고 평가된 일부의 장면들일 뿐이다. 그중 재현되기를 바라는 무엇인가를 우리는 미래로 투사해서 꿈 혹은 희망이라 부른다. 이 측면에서 인간은 '시간의 노예'다. 심리적 시간인 기억과 기대가 만들어낸 이미지를 가지고 세상을 대하고 그 이미지의 틀이 곧 가치관의 토대가 된다. 그러나 잊지 말아야 할 것은 과거는 지나갔고 미래는 오지 않았다는 점에서 실재가 아니라는 사실이다. 그런 실재 아닌 것들에 대한 관념적, 의식적 집착과 불안이 심적 고통의 뿌리가 된다. 더 중요한 점은 과거에 대한 평가도 미래에 대한 기대도 결국 그 기준이 되는 것은 현재의 상태라는 것이다. 동일한 추억이 현재의 상태에 따라 아름다운 것으로 포장되든지 추한 것으로 비난받든지 결정된다. 마찬가지로 현재의 상태를 기준으로 미래는 암울하게 보이기도 하고 밝게 보이기도 한다. 결국 '지금'이라는 구심력이 과거와 미래라는 원심력을 능가한다. 이것이 필연임을 이해함으로써 인간은 비로소 시간의 노예에서 벗어날 가능성을 얻는다. 실재하지 않는 과거에 대한 집착, 미래에 대한 불안이 얼마나 현재 상태에 의한 환상 조작인가, 따라서 허망한 것인가를 앎으로써 '영원한 현재'에 온 열정을 바칠 수 있게 되기 때문이다. 그리하여 죽음에 대한 직시는 삶에서 구해야 할 영원의 의미를 밝혀준다.

인간의 슬픔은 희망에 대한 좌절에서 온다고들 한다. 좌절은 어디서 오는가? 대개 탐욕이 희망으로 포장되어 앞서고 뒤이어 좌절이 따른다. 탐욕은 필연적인 죽음, 소멸을 포함한 전체를 보지 못하는 어리석음에서 온다. 슬픔은 쉽게 분노로 변하며 분노는 갈등과 폭력으로 이어진다. 그리고 모든 인간의 불행이 여기서 나온다. 이 악순환이 너무나 생활화되어 뒤죽박죽되고 나면 일상이 편집증적 상태가 되고 만다. 불교에서는 이런 악순환을 탐(집착) – 진(분노) – 치(어리석음), 삼독이라 표현한다.

어린 왕자는 슬픈 날 해 지는 풍경을 본다고 했다. 처음과 끝을 하염없이 바라보며 어떤 불멸도 집착도 바랄 수 없다는 그 사실에 대한 직시, 영원이란 순간의 다른 이름이었다는 깨달음이 해 지는 풍경을 하염없이 바라보는 의미일 것이다. 이 종말에 대한 가감 없는 수용은 우리 인생에서 무엇이 가장 소중한지를 알려주고, 그래서 다음 장은 그 소중한 무엇의 나타나고 사라짐에 대한 얘기가 이어진다.

CHAPTER 7

삶의 뿌리
── 사랑과 자유

───────

다섯째 되는 날, 역시 양 덕분에 어린 왕자의 생활의 비밀을 한 가지 알게 되었다. 그가 불쑥, 오랫동안 혼자 어떤 문제에 대해 곰곰 생각하던 끝에 튀어나온 말인 듯 나에게 물었다.

"양은 작은 나무를 먹으니까 꽃도 먹겠지?"

"양은 닥치는 대로 먹지."

"가시가 있는 꽃도?"

"그럼. 가시가 있는 꽃도 먹고말고."

"그럼 가시는 어디에 소용되지?"

나 역시 그것은 알지 못했다. 나는 그때 내 모터의 볼트가 너무 꼭 죄어 있어 그것을 빼내는 일에 정신이 팔려 있었다. 비행기의 고장이 매우 중대한 것처럼 보이기 시작했고, 먹을 물이 바닥을 드러내고 있어 최악의 상태를 당할까 두려웠기 때문에 나는 무척 불안했던 것이다.

"가시는 무엇에 소용되는 거지?"

어린 왕자는 한 번 질문을 했을 때는, 결코 포기한 적이 없었다. 나는 볼트 때문에 신경이 곤두서 있었으므로 되는 대로 아무렇게나 대답해버렸다.

"가시는 아무짝에도 소용이 없어. 꽃들이 공연히 심술을 부리는 거지!"

"그래!"

그러나 잠시 아무 말이 없다가 어린 왕자는 원망스럽다는 듯 나에게 이렇게 톡 쏘아붙였다.

"그건 거짓말이야! 꽃들은 연약하고 순진해. 꽃들은 그들이 할 수 있는 방식으로 자신을 보호하는 거야. 가시가 있으면 무서운 존재가 되는 줄로 믿는 거야." 나는 아무 대꾸도 하지 않았다. 그때 나는 '이 볼트가 끝내 말썽을 부리면 망치로 두들겨 튀어나오게 해야지' 하는 생각을 하고 있었다. 어린 왕자는 또다시 내 생각을 방해했다.

"그럼 아저씨 생각으로는 꽃들이……."

"그만해둬! 아무래도 좋아! 난 되는 대로 대답했을 뿐이야. 나에겐 지금 중대한 일이 있어!"

그는 어리둥절해서 나를 바라보았다.

"중대한 일이라고?"

망치를 손에 들고 손가락은 시커멓게 기름투성이가 되어 그에게는 매우 흉측스럽게 보이는 물체 위로 몸을 기울이고 있는 나의 모습을 그는 바라보고 있었다.

"아저씨는 어른들처럼 말하고 있잖아!"

그 말에 나는 조금 부드러워졌다. 그런데도 그는 사정없이 말을 이어갔다.

"아저씨는 모든 걸 혼동하고 있어……. 모든 걸 혼동하고 있다고!"

그는 정말로 화가 나 있었다. 온통 금빛인 그의 머리칼이 바람에 흩날리고 있었다.

"시뻘건 얼굴의 신사가 살고 있는 별을 나는 알고 있어. 그는 꽃향기라고는 맡아본 적이 없어. 별을 바라본 적도 없고. 어느 누구를 사랑해본 일도 없고. 오로지 계산만 하면서 살아왔어. 그래서 하루 종일 아저씨처럼 '나는 중대한 일을 하는 사람이야. 중대한 일을 하는 사람이야'라고 되뇌고 있고, 그래서 교만으로 가득 차 있어. 하지만 그는 사람이 아니야. 버섯이지!"

"뭐라고?"

"버섯이라니까!"

어린 왕자는 이제 분노로 얼굴이 하얗게 질려 있었다.

"수백만 년 전부터 꽃들은 가시를 만들고 있어. 양도 수백만 년 전부터 꽃을 먹어왔고. 그런데도 그들이 아무짝에도 쓸모없는 가시를 왜 만들어내는지 알려는 건 중요한 게 아니라는 거지! 그건 붉은 얼굴의 신사가 하는 계산보다 더 중요한 건 못 된다는 거지! 그래서 이 세상 아무데도 없고 오직 나의 별에만 있는 이 세상에 단 하나뿐인 한 송이 꽃을 내가 알고 있고, 작은 양이 어느 날 아침 무심코 그걸 먹어버릴 수도 있다는 건 중요한 일이 아니라는 거지!"

어린 왕자는 얼굴이 새빨개져서 말을 이었다.

"수백만 개의 별들 중에 단 하나밖에 없는 꽃을 사랑하는 사람은 그 별들을 바라보는 것만으로도 행복할 수 있어. 그는 속으로 '내 꽃이 저기 어딘가에 있겠지……' 하고 생각할 수 있거든. 하지만 양이 그 꽃을 먹는다면 그에게는 갑자기 모든 별들이 사라져 버리게 되는 거나 마찬가지야! 그런데도 그게 중요하지 않단 말야?"

그는 더 말을 잇지 못했다. 그러고는 갑자기 흐느껴 울기 시작했다.

밤이 내린 뒤였다. 나는 손에서 연장을 놓아버렸다. 망치도 볼트도 목마름도 죽음도 모두 우습게 생각되었다. 어떤 별, 어떤 떠돌이별 위에 나의 별, 이 지구 위에 위로해주어야 할 한 어린 왕자가 있었던 것이다. 나는 두 팔로 껴안았다. 그를 부드럽게 흔들면서 나는 말했다.

"네가 사랑하는 꽃은 위험에 처해 있지 않아……. 너의 양에게 굴레를 그려줄게. 그리고……."

더 이상 무어라 말해야 좋을지 알 수 없었다. 나 자신이 무척

서툴게 느껴졌다. 어떻게 해야 그를 감동시키고 그의 마음을 붙잡을 수 있을지 알 수 없었다.

눈물의 나라는 그처럼 신비로운 것이다.

────────

▲ ▲ ▲

꽃과 양―사랑과 자유/에로스와 타나토스

이 장을 여는 어린 왕자의 화두는 '꽃을 잡아먹는 양'이다. 양은 모자 속의 코끼리와 같은 위상이었고 상상력의 상징이었다. 또 내버려두면 마구 돌아다닐 녀석이기도 하다. 우리 마음속의 기본 욕구, 욕망을 의미한다. 꽃은 별을 아름답게 하는 사랑의 대상이다. **삶을 움직이는 두 축, 사랑과 자유**의 상징이 함께 등장했다.

인간의 다채로운 감정 중에서도 가장 기본적인 범주는 '좋다'와 '싫다'이다. 좋은 것은 끌어안고 싶어 하고 싫은 것은 밀쳐내고 싶어 한다. 이 당기고 미는 힘을 동양에서는 음과 양으로 표현했고 서양에서는 에로스와 타나토스로 표현했다. 좋은 것은 쾌락, 싫은 것은 고통으로 느껴져 각각 긍정과 부정의 기초가 된다. 그러나 늘 쾌락이 긍정적이고 고통이 부정적인 의미만 있는 것은 아니다. 결핍, 고통은 쾌락을 원하게 만들지만 쾌락의 지속은 권태를 불러온다. 권태로워진 쾌락은 다시 고통스러운 것이 되어 부정의 대상이 되고 새로운 대체 쾌락 추구가 반복된다. 그리고 이 추구를 대가로 새로운 고통을 야기한다. 그래서 수많은 철학자들이 인간을 이 두 축 사이를 오락가락하는 시계추에 비유해왔다. 아리스토텔레스는 쾌락과 고통, 쇼펜하우어는 결핍과 과잉, 가난과 권태, 그리고 니체는 보존본능과 증강본능을 말한 바 있다. 이 본능적 감정을 최고치로 추상화한 가치 개념으로 표현하면 '사랑과 자유'가 된다. 무엇인가를 끌어모으려는 힘이 사랑이라면 기존의 틀을 벗어나고 싶은 힘이 자유에 대한 열정 아니던가.

그런데 이것은 결코 평화로운 풍경이 아니다. 양이 꽃을 잡아먹는다면 보존을 바라는 사랑이 증강과 초월을 바라는 자유 앞에서 손쉽게 쓰러지고 만다는 말이다. 모든 인간에게는 맨 먼저 자연에서 주어진 생리적인 것에 이어 사회적으로 주어진 심리적인 욕구가 생긴다. 뒤이어 이것의 반복 충족이 따르고 자연히 집착이 생긴다. 이 집착을 안정시키고 실현하기 위해서는 온갖 수고가 불가피하다. 그러나 자연에서 주어진 것 외의 사회적 욕구란 그것이 물질적인 것이든 관념적인 것이든 일단 성취되고 나면 곧 권태에 이른다. 결핍은 욕망을 낳지만 충족은 권태를 낳는 것이다. 반복되는 권태는 다시 그 공허한 정적감으로 인해 죽음을 연상케 하고 정적이 주는 불안을 피하기 위해 인간은 기필코 이 틀을 벗어나고자 한다.

하여 그 부정을 위한 새로운 대상과 영역을 찾고 전의 과정을 반복한다. 결국 어떤 욕구 충족, 애정도 집착과 권태, 파괴의 순환으로 이어진다. 꽃이 양에게 먹히고 마는 것이다.

그렇다면 과연 사랑과 자유는 적대적인 관계일 수밖에 없는 것인가? 하긴 우리네 일상에서 사랑을 얻으려면 자유를 유보해야 하고 자유로우려면 사랑이 우는 풍경이야 흔히 있는 일이기는 하다. 결혼한 부부가 신혼 초에 느끼는 서로에 대한 구속감은 말할 것도 없고, 좋아서 시작한 일이 구속이 되고 마는 일이 얼마나 흔한가? 그래서 인간은 하나를 위해 다른 하나를 포기해야 하는가? 아니, 사정이 그렇다 해도 우리 마음이 둘 중 하나를 포기할 수 있는가? 어느 쪽도 포기할 수 없는 것이면서 양립할 수도 없는 것이라면 이보다 더한 딜레마가 어디 있는가? 누구나 이 해결되지 않는 딜레마를 안고 살지 않는가? 어린 왕자의 질문은 삶을 관통하는 무거운 것이었다.

그러나 꽃도 양도 에로스도 타나토스도 선악을 따질 수 없는 내면의 본성이다. 그것은 애초에는 선도 악도 아닌 무엇에서 출발하지만 집착과 파괴를 거치면서 의식과 무의식, 도덕과 죄책감, 자아와 초자아의 충돌 소용돌이로 나아간다. 이 법칙은 우리의 일상사는 말할 것도 없고 개개인의 보편적 정신 성숙 과정과 문명의 발달사에서도 그대로 나타난다. 식욕, 성욕에서 출발하여 명예욕, 초월욕으로 내달리는 욕구의 수직적 위계선과 각 욕구의 단계에서 끊임없이 다양한 수평적 대체 수단을 찾으려는 노력들이 다 이 때문이다. 이 멈추지 못하는 생멸生滅의 반복이 오랜 신화인 시시포스의 돌이 의미하는 바이고, 불교가 말하는 윤회의 현실적 의미다. 어린 왕자는 이 비극적 악순환을 어떻게 끊어야 할지 고민하고 있었던 것이다.

꽃의 가시

그래서 인간은 사랑이 두렵다. 그것이 가져올 상처에 대한 예감 때문에. 그래서 '밀고 당기기'가 생긴다. 사랑의 가치를 더 높여 함부로 버릴 수 없고 함부로 깰 수 없게 만들고 싶어 한다. 모든 사랑은 예정된 파괴나 열정의 쇠락을 예방하고 싶어 한다. 그래서 많은 대가를 치르고야 얻을 수 있고, 그렇게 얻고도 엄습하는 권태를 물리치기 위한 온갖 의식적 장치들을 마련한다. 그것이 꽃의 가시고 사랑에 따르는 책임, 구속, 허영, 질투 등등이다. 그러나 어떤 구속에도 불구하고 결국 양이 먹어치우고 말 운명이 사랑의 예정된 결말이라면, 그래서 선의가 재앙이 되고 이성이 부조리에 부딪히는 게 인간의 숙명이라면 우리는 그런 세상을 살아낼 수 있는가? 어린 왕자는 절박한 질문을 던지고 있었다.

뿌리 없는 삶—시뻘건 얼굴의 신사

그럼에도 불구하고 우리는 어느새 이 문제를 잊고 산다. 내 희망과 그 희망을 지켜줄 연약한 가시는 화자가 비행기 수리에 정신을 팔 듯, 하루하루 생존에 쫓기어 **'삶이 잊히고 살아내는 것만 남은 세상'** 에서 거론할 가치조차 없는 양 취급된다. 어느 누가, 타인이 내 희망을 그렇게 대하는 것 이전에 나 자신이 그러고 있지 않은가? 그러나 각자의 희망이 그렇게 간단히 부정되는 것이 삶의 비극적 운명이라면 이 삶에 의미는 무엇인가? 어린 왕자의 질문은 존재의 의의를 되묻는 일생일대의 문제제기다. 그러니 비행기 수리에 정신이 팔려 이 문제를 아무것도 아닌 듯 말하는 화자에게 어떻게 화내지 않을 수 있는가? 희망과 그 실현에 대해 아무 지향 없이 살아가도 되는 것이 인생은 아니라는 항변이다.

화자의 중대한 일은 하루하루 먹고사는 일이다. 일상에서 이것만큼 큰 변명도 없다. '목구멍이 포도청' 이라는 한마디로 얼마나 많은 일상 부패와 무지가 정당화되고 있는가. 먹고살려고 했다는 변명은 빈자와 부자를 가리지 않는 공통의 '궁극적' 변명으로 통한다. 인간이 먹고살기 위해 태어난 것이 아님에도 불구하고 이 야박하고 황폐한 생계의 논리는 우리 정신 에너지의 대부분을 먹어치운다. 살아내는 것만 남은 삶이 얼마나 많은가. 우리네 보통 사람들의 일상을 돌아보면 하릴없이 기계적이다. 어제 했던 일 오늘 또 하고 내일 또 하는 일상이다. 그리고 그 일상은 대개 하는 일에 대한 애정도 없고 함께하는 이들에 대한 진정한 관계도 없이 생계를 위해 흘러가는 일들이다. 그러면서 자신과 자신의 관계를 돌아보고 가꾸는 일에 대해서는 늘 입에 달린 변명을 하며 회피한다. 화자가 그러한 것처럼. '나는 중요한 일을 하고 있으니 바빠' 라고.

화가 난 어린 왕자는 '시뻘건 얼굴' 을 한 신사 얘기를 한다. 여기서의 얼굴색은 늘 들떠 있고 무의미한 자극과 불안으로 가득 차 이유 없이 흥분 상태인 우리 내면을 꼬집는 표현이다. 우리가 의욕이라고 부르는 대부분의 것들은 일종의 협박에 대한 대응으로서의 불안을 기저에 깔고 있다. 돈을 벌고 자리를 노리고 이름을 날려야 하는 이유, 경쟁을 하고 이겨야 하는 이유를 곰곰이 생각해보면 하나같이 그것들이 없으면 초라한 대접을 면할 수 없다는 사회의 협박이 전제되어 있다. 외형상 건전해 보이는 종교나 이념조차 사회적 압력에 대한 도피 수단이거나 또 다른 정신적 의존일 경우가 많다. 어떤 것이든 그것이 부자연스러운 집착을 동반하는 것이라면 이 '시뻘건 얼굴' 을 면할 수 없을 것이다. 오죽하면 한국인의 사망 질병 1위가 화병이겠는가. 여기에 더해 현대인의 삶은 하루 종일 외부의 온갖 자극을 일순간도 벗어나기 힘든 생활이기 십상이다. 일찍이 하버마스가 '생활 세계의 식민화'라는 개념으로 비판했던 제도의 그물망이 요구하는 것들은 말할 것도 없고 '휴식'조차 '엔터테인먼트/레저 산업'이라는 외부 자극에 저당 잡혀 있다. 미디어가 그렇고 게임이 그렇고 온갖 유흥이 그렇고 패턴화한 소비가 그렇다. 그래서 현대인은 '심심한' 상태를 일순간도 견디기 힘들어 한다. 자극 – 반응의 기계적 생활화가 익숙한 이에게 적막한 침묵은 견딜 수 없는 공허로 느껴지기 마련이다. 계속 들떠 있고 계속 흥분해 있는 얼굴, 시뻘건 얼굴이다.

그러면서 늘 중대한 일이 있다고 변명하는 일상. 소중한 관계에 진정 어린 관심도 없고 삶의 희망도 없고 사랑할 줄도 모르면서 달리 중대한 일이 있다고 한다. 그 중대한 일은 늘 계산하고, 『갈매기의 꿈』에 나오듯 '물고기 대가리나 찾아다니는 삶'아닌가. 의미와 가치의 영역은 생략된 황폐한 삶에 대해 어린 왕자의 직설적인 비난이 쏟아진다. 그런 것은 인간이 아니라 버섯이라고. 버섯은 뿌리가 없다. 어린 왕자는 우리네 '뿌리 없는 인생'에 대해 화를 내고 있다. **관계, 희망, 자유, 사랑 같은 가치들의 균열과 갈등에 대한 치유, 조화야말로 삶의 뿌리라고 말하고 있다.** 이리저리 부유하면서 그때그때 눈앞의 이득에 밝은 것을 영리하다고 생각하는 삶은 뿌리 없는 인생이다. 뿌리에 대한 관심은 일절 없이 기계적 삶에 매달려 '살아내기'급급한 태도에 대해 어린 왕자는 "수백만 개의 별들 중에 단 하나밖에 없는 꽃을 사랑하는 사람은 그 별들을 바라보는 것만으로도 행복할 수 있어……그런데도 그게 중요하지 않단 말야?"라며 반문한다.

권태가 일으키는 탐욕이라는 괴물에 간단히 먹혀버리고 마는 꽃. 그 꽃이 실존을 위해 만들어내는 연약한 가시. 꽃이 사라지면 별도 사라지고 우리네 인생의 어떤 의미, 가치도 사라진다. 그런데 그 꽃의 운명을 걱정하는 것이 쓸모없는 짓이란 말인가? 그것보다 더 중요한 문제가 있단 말인가? 그런 인간은 차라리 버섯이라고나 부르자! 이것이 어린 왕자의 절규였다.

그의 울음, '문득' 인생의 의미를 번개같이 알려오는 어떤 사태와 동반된 눈물. 인생을 바꿔버리고 마는 깨달음 앞에 눈물 외에 무슨 표현이 있겠는가? 그 눈물에 공감한 화자는 이제 손에서 '연장'을 놓아버리고 만다. 더 이상은 기계 같은 삶을 살 수 없는 것이다. 그래서 '망치도 볼트도 목마름도 죽음도 모두 우습게 생각되었다.' 생사보다 더 중요한 문제가 삶의 의미 아니던가. 그리고 그 의미는 '어떤 별, 어떤 떠돌이별 위에 나의 별, 이 지구 위에 위로해주어야 할 한 어린 왕자가 있었던 것'이라는 자각으로 이어진다. 인간의 불안, 슬픔, 분노, 외로움, 애착을 달래지 않고 다른 무엇에서 삶의 의미를 찾을 수 없다는 말이다. 이 자각 앞에서 말은 더 이상 의미를 상실한다. 그래서 눈물의 나라는 신비하다.

CHAPTER 8

사랑과 허영

나는 곧 그 꽃에 대해 더 많은 것을 알게 되었다.

어린 왕자의 별에는 전부터 꽃잎이 한 겹인 아주 소박한 꽃들이 있었다. 그것들은 자리를 거의 차지하지 않았고 아무도 귀찮게 굴지 않았다. 어느 날 아침 풀 속에 나타났다가는 저녁이면 사라져버리곤 했다.

그런데 어느 날 그 꽃은 어딘지 모를 곳에서 날아온 씨앗으로부터 싹이 텄다. 그래서 어린 왕자는 다른 싹들과 닮지 않은 그 싹을 주의 깊게 관찰했다. 새로운 종류의 바오밥나무인지도 모를 노릇이었다. 그러나 그 작은 나무는 곧 성장을 멈추고 꽃 피울 준비를 시작했다. 커다란 꽃망울이 맺히는 것을 지켜보던 어린 왕자는 이제 곧 그 꽃에서 어떤 기적 같은 것이 나타나리라 느끼고 있었다. 그러나 꽃은 그 연녹색 방 속에 숨어 언제까지고 아름다워질 준비만 하고 있었다. 꽃은 세심하게 빛깔을 고르고 있었다. 천천히 옷을 입고 꽃잎을 하나씩 둘씩 다듬고 있었다. 그 꽃은 개양귀비꽃처럼 구겨진 모습을 밖으로 나타내고 싶어 하지 않았다. 자신의 아름다움이 최고로 빛을 발할 때에야 비로소 나타나고 싶어 했다. 아! 정말, 아주 애교스러운 꽃이었다. 그의 신비로운 몸단장은 그래서 며칠이고 계속되었다.

그리하여 어느 날 아침, 해가 막 떠오르는 시각에, 그 꽃은 모습을 드러냈다. 그런데 그처럼 공들여 몸치장을 한 그 꽃은 하품을 하며 말하는 것이었다.

"아! 이제 막 잠이 깼답니다……용서하세요……제 머리가 온통 헝클어져 있네요……."

어린 왕자는 그때 감탄을 억누를 수가 없었다.

"참 아름다우시군요!"

"그렇죠? 그리고 난 해와 같은 시간에 태어났답니다……."

어린 왕자는 그 꽃이 그다지 겸손하지 않다는 점을 알아챘다. 하지만 그 꽃은 너무도 감동적이 아닌가! "아침식사 시간이군요. 제 생각을 해주실 수 있는지요." 잠시 후 그 꽃이 다시 말했다. 그래서 어린 왕자는 신선한 물이 담긴 물뿌리개를 찾아 그 꽃에 뿌려주었다.

이렇게 그 꽃은 태어나자마자 심술궂은 허영심으로 그를 괴롭혔다. 어느 날은 자기가 가진 네 개의 가시에 대해 이야기하면서 어린 왕자에게 이렇게 말하기도 했다.

"호랑이들이 발톱을 세우고 덤벼들어도 끄떡없어요."

"우리 별엔 호랑이들은 없어요. 그리고 호랑이들은 풀을 먹지도 않고요"라고 어린 왕자는 항의했다.

"저는 풀이 아니랍니다." 그 꽃이 살며시 대답했다.

"용서해줘요······."

"난 호랑이는 조금도 무섭지 않지만 바람은 질색해요. 바람막이를 가지고 있으세요?"

'바람은 질색이라······. 식물로서는 안 된 일이군. 이 꽃은 아주 까다로운 식물이군' 하고 어린 왕자는 속으로 생각했다.

"저녁에는 나에게 유리 덮개를 씌워주세요. 당신이 살고 있는 이곳은 매우 춥군요. 설비가 좋지 않고요. 내가 살던 곳은······."

그러나 꽃은 말을 잇지 못했다. 그 꽃은 씨앗의 형태로 온 것이었다. 그러니 다른 세상에 대해서 아는 게 있을 리가 없었다. 그처럼 빤한 거짓말을 하려다 들킨 게 부끄러워진 그 꽃은 어린 왕자의 잘못을 드러내기 위해서 기침을 두어 번 했다.

"바람막이 있으시냐고 했잖아요?"

"찾아보려는 참이었는데 당신이 말을 계속 했잖아요!"

그러자 그 꽃은 그래도 어린 왕자에게 가책을 느끼게 하려고 더 심하게 기침을 했다. 그리하여 어린 왕자는 진심에서 우러나온 호의를 가지고 있으면서도 꽃을 의심하기 시작했다. 그는 대수롭지 않은 말들을 심각하게 받아들이고 몹시 불행해졌다.

어느 날 그는 속사정을 털어놓았다. "그의 말에 귀를 기울이지 말아야 했어. 꽃들의 말에 절대로 귀를 기울이면 안 돼. 바라보고 향기를 맡기만 해야 해. 내 꽃은 내 별을 향기로 뒤덮었어. 그런데도 나는 그것을 즐길 줄 몰랐어. 그 발톱 이야기에 눈살을 찌푸렸지만 실은 측은해 했어야 옳았던 거야."

그는 또 이렇게도 말했다.

"나는 그때 아무것도 이해할 줄 몰랐어. 그 꽃의 말이 아니라 행동을 보고 판단했어야 했어. 그 꽃은 나에게 향기를 풍겨주고 내 마음을 밝게 해주었어. 결코 도망치지 말았어야 하는 건데! 그 가련한 거짓말 뒤에는 애정이 숨어 있다는 걸 눈치챘어야 하는 건데 그랬어. 꽃들은 그처럼 모순된 존재들이거든! 하지만 난 너무 어려서 그를 사랑할 줄 몰랐던 거야."

———

▲ ▲ ▲

사랑의 탄생

어린 왕자의 별에는 없는 듯이 있다 조용히 사라지는 '소박한 꽃들'이 있었다고 한다. 그것이 '외부에서 날아온 씨앗'과 합해져 '오랜 치장' 끝에 어린 왕자의 첫사랑으로 태어났다고 한다. 이 아름다운 비유는 인류의 고등 종교들이 말하는 인간 감정 출현의 공식과 닮았다.

유교에서는 봄/여름/가을/겨울이라는 자연의 순환이 인간의 덕목으로 전환된 것을 인/예/의/지로 보았다. 인은 봄처럼 만물을 살리고 예는 여름처럼 만물을 성장케 하는 덕목이다. 의는 가을처럼 만물의 열매와 과실을 평가하여 종의 연속성을 결정하고 지는 겨울처럼 보이지 않는 곳에서 미래를 준비하는 덕목이다. 이 인/예/의/지가 감수성에 반영된 것을 사단, 즉 모든 것을 사랑하는 측은지심/절도를 지킬 줄 아는 사양지심/부패를 싫어하는 수오지심/보이지 않는 진위를 헤아리는 시비지심이라 한다. 여기까지가 인간의 타고난 천성이며 기氣라 한다. 이 천성이 외물外物, 환경을 만나면 희喜 · 노

怒 · 애哀 · 구懼 · 애愛 · 오惡 · 욕欲의 일곱 가지 정으로 변화를 일으킨다. 이것을 질質이라 한다. '기질'이라는 개념은 쉽게 말해 천성과 환경의 합이다. '소박한 꽃' – 천성이 '외부 씨앗' – 환경을 만나 '오랜 치장' – 복잡한 과정을 거쳐 형성되는 다양한 감정 발달을 거쳐 비로소 최초의 애착 대상인 첫사랑으로 진화한다는 말이다.

기독교에서 이 상징은 에덴의 동산에서 추방되는 사건으로 묘사되고 있다. 아담과 이브(소박한 꽃)가 뱀(외물)을 만나 선악과(첫 애착의 대상)를 따면서 문명이 시작되었다는 것이다.

이리하여 첫사랑이 탄생한다. 외물과 합해지고 오랜 치장을 거친 꽃은 더 이상 일 없이 피고 지던 소박한 꽃이 아니다. 그것은 선악과와 같이 너무나 유혹적인 애착의 대상이다. 집착은 발생하는 순간 자신만의 독존을 주장한다.

허영의 탄생

이렇게 탄생한 첫사랑은 그것이 무엇이든 '허영'을 부추긴다. 모든 눈먼 사랑과 에고라는 부모의 결합은 허영이라는 자식을 낳고 만다. 허영의 모태는 맹목적이고 독점적인 인정 욕구다. 나만 봐달라는 관심 독점 요구에 불과하다. 꽃은 어린 왕자의 관심을 끌기 위해, 잘 보이기 위해 많은 부분을 꾸

미려 했다. 이것이 최초의 불행의 씨앗이다. 모든 사람들은 사랑받고 싶어 한다. 또 주고 싶어 하기도 한다. 그런데 그것이 자연스러운 자기 현존으로부터 우러나오지 않고 집착이 중개되고 꾸밈이 들어갈 때, 이것이 악의건 아니건 최초의 위선을 만들어낸다. 사랑받고 싶어서 잘난 '척', 있는 '척', 고상한 '척'을 한다. 한마디로 '실제 자기'가 아닌 '바라는 자기' 모습을 연출한다. 이것이 유혹의 법칙 아닌가? 정체성을 한껏 부풀려 자신을 내세우는데, 이렇게 하는 이유는 물론 상대의 흑심을 북돋기 위해서다. 그러나 실제 마음속 바람은 오히려 대상에게 기대기 위해서다. 그래서 우리는 일상에서 '콩깍지 쓰인' 연애 기간을 거쳐 실생활로 진입하고 얼마 지나지 않아 그 환상(그것은 쌍방이 알고도 모르고도 묵인한 무엇이다)이 깨지는 경험을 다반사로 보게 된다. 이 첫 단추는 그래도 순진한 편이다. 이른바 '사회화'의 힘이 작용하면 이것은 기묘하게 변형된다. 자신의 정체성을 부풀려 내세우는 이유는 거래에서 몸값 올리기와 같은 심리다. 이 몸값 올리기가 성공하면 기대되는 거래 이익이 관념 속에 끼어든다. 사회 전반에 만연한 기브 앤드 테이크give and take의 논리가 암묵적으로 성립되고 나면 모든 애정 관계는 사회 질서의 반영 자체가 되어버린다. 근대 사회의 근본 질서는 경쟁이다. 거기서 조금이라도 득보는 쪽이 되지 않으면 분하고 섭섭한 마음이 쌓이지 않을 길이 없다. '사랑'이라는 위대한 동기로 시작된 관계가 어느새 적대적이 되고 마는 것을 흔히 보게 되는 이유가 이런 것 때문이다.

말-행동-존재

어린 왕자와 꽃은 소통 방법을 몰랐다. 오직 말에서 말로 옮겨갈 뿐이었다.

"나는 그때 아무것도 이해할 줄 몰랐어. 그 꽃의 말이 아니라 행동을 보고 판단했어야 했어. 그 꽃은 나에게 향기를 풍겨주고 내 마음을 밝게 해주었어. 결코 도망치지 말았어야 하는 건데! 그 가련한 거짓말 뒤에는 애정이 숨어 있다는 걸 눈치챘어야 하는 건데 그랬어. 꽃들은 그처럼 모순된 존재들이거든! 하지만 난 너무 어려서 그를 사랑할 줄을 몰랐던 거야."

말보다는 행동이 더 진정성에 가까움을 얘기한다. 나아가서 행동 이전에 그 존재가 향기를 풍겨주었다고 한다. 향기는 존재 자체에서 발하는 것이지 특정한 행위가 아니다. 그것이 마음을 밝혀준 것의 소중함을 하찮은 감정싸움으로 망쳐버렸다고 후회한다. 우리가 무엇인가를 사랑한다면 그것은 대상의 특정 속성이나 특정 행위로 인한 것일 수는 없다. 그 존재 자체를 나의 일부로 봄으로써만 진정한 사랑이 성립

한다. 그래서 예수님은 '네 이웃을 네 몸과 같이 사랑하라'고 직설적으로 말씀하신다. 너 따로 나 따로 아닌 공감이 사랑이다. 그러나 이미 왜곡되어버린 탐욕, 허영으로서의 사랑은 '대수롭지 않은 말'에 상처받고 몹시 불행해지는 것을 피하기 힘들다. 부풀려진 에고가 내세우는 위선으로서 허영이 자기 속내를 들키면 가만히 있을 수 없지 않은가?

세상에 잘 알려진 천재 수학자의 어린 시절 에피소드 한 토막이 있다. 그가 열심히 복잡한 수식을 풀고 있을 때 어린 동생을 안고 어르고 있던 그 수학자의 어머니가 "애야, 넌 무엇에 쓰려고 그런 쓸데없는 것만 붙잡고 있니?"라고 물었다. 아직 어린 나이의 그 수학자가 답했다. "어머니는 무엇에 쓰려고 그 애를 보살피시나요?"

사랑은 무엇에 쓰려고 존재하는 것이 아니다. 즉 상대에게 어떤 기대가 있고 그 기대의 효용으로 사랑이 있을 수는 없다는 말이다. 부모가 자식을 사랑하는 것은 못남과 잘남을 가리지 않는다. 내가 무엇인가 혹은 누군가를 사랑한다면 그 자체를 사랑하는 것이지 그것의 어떤 기대 속성을 사랑하는 것이 아니다. 만약 후자라면, 그 상대적이고 조건 의존적인 속성은 곧 사라지고 말 것이므로 기대하는 거래 이익이 지속되는 동안에만 유효한 탐욕의 투사에 지나지 않는다. 내 인생이 아무리 못나도 누구와도 바꿀 수 없고 아낄 수밖에 없듯, 내 몸이 아무리 부실해도 살필 수밖에 없듯, 내 자식이 아무리 천치라도 함께할 수밖에 없듯, 사랑은 그런 식으로만 느낄 수 있다. 대상의 특정 지표가 내가 원하는 것이어서 사랑한다고 할 때 그 지표의 사라짐은 곧 애정 상실로 직결된다. 그것이 돈이건 권력이건 명예건 외모건 다른 성격 지표건, 특정 결핍을 채워주는 특정 조건으로의 사랑은 곧 허상이다. 그러니 허영으로 시작된 사랑이 그 상태로 지속될 수는 없다.

어린 왕자는 꽃 자체가 향기를 풍겼음을 헤어지고 나서야 느꼈다. 심지어는 모진 말 자체도 애정의 연장이었음을 알았다고 한다. 그렇다. 탐욕도 원래는 신성의 다른 표현이다. 다만 그 방향과 방법에 근본적인 오류를 지니고 있을 뿐. 그래서 모든 성인과 현자들은 죄의 뿌리로서 어리석음과 무지, 무명을 한탄하지만 원수를 사랑하고 죄를 용서하라고 호소하기도 하지 않는가. 우리가 마음에서 마음으로 소통할 수 있다면 얼마나 이런 치기 어린 감정의 소모를 벗어날 수 있을까? 첫사랑과의 이별을 이끈 것은 자신을 부풀리려는 에고였다. 그리고 그것은 '말과 생각'으로 매개되었다. 이것들이 우리가 최초로 가지는 집착 대상이다. 그 말과 생각은 원죄로서 선악과에 비길 만하다. 과연 태초에 말씀이 있었다고 할 만하다.

CHAPTER 9

인류 최초의 이별

나는 어린 왕자가 철새들의 이동을
이용하여 그의 별을 떠났으리라
생각한다. 떠나는 날 아침 그는 자
기의 별을 깨끗이 정돈해놓았다. 불을
뿜은 화산들을 정성 들여 청소했
다. 그에게는 불을 뿜는 화산이
둘 있었다. 그런데 그것은 아
침밥을 데우는 데 아주 편리
했다. 불이 꺼져 있는 화산
도 하나 있었다. 그러나 그
의 말처럼 "어떻게 될지 알

수 없는 일이야." 그는 그래서 불 꺼진 화산도 똑같이 청소했다. 화산들은 청소가 잘되어 있을 때는 부드럽게, 규칙적으로 폭발하지 않고 타오른다. 화산의 폭발은 벽난로의 불과 마찬가지인 것이다. 물론 지구 위에 사는 우리들은 너무 작아 화산을 청소할 수가 없다. 그래서 우리는 화산폭발 때문에 자주 곤란한 일을 겪게 되는 것이다.

어린 왕자는 좀 서글픈 심정으로 바오밥나무의 마지막 싹들도 뽑아냈다. 다시는 돌아오지 못하리라 그는 생각하고 있었다. 그런데 친숙한 그 모든 일들이 그날 아침에는 유난히 다정스럽게 느껴졌다. 그래서 그 꽃에 마지막으로 물을 주고 유리 덮개를 씌워주려는 순간 그는 울고 싶은 심정이었다.

"잘 있어." 그는 꽃에게 말했다.

그러나 꽃은 대답하지 않았다.

"잘 있어." 그가 되풀이했다.

꽃은 기침을 했다. 하지만 그것은 감기 때문이 아니었다.

"내가 어리석었어. 용서해줘. 행복해지도록 노력하길 바라." 이윽고 꽃이 말했다.

비난조의 말을 들을 수 없게 된 것이 어린 왕자는 놀라웠다. 그는 유리 덮개를 손에 든 채 어쩔 줄 모르고 멍하니 서 있었다. 꽃의 그 조용한 다정함을 이해할 수 없었다.

"그래, 난 널 좋아해. 넌 그걸 전혀 몰랐지. 내 잘못이었어. 아무래도 좋아. 하지만 너도 나와 마찬가지로 어리석었어. 부디 행복해……유리 덮개는 내버려둬. 그런 건 이제 필요 없어."

"하지만 바람이 불면……."

"내 감기가 그리 대단한 건 아냐……밤의 서늘한 공기는 내게
더 좋을 거야. 나는 꽃이니까."

"하지만 짐승이……."

"나비를 알고 싶으면 두세 마리의 쐐기벌레는 견뎌야지. 나비
는 무척 아름다운 모양이니까. 나비가 아니라면 누가 나를 찾
아주겠어? 너는 멀리에 가 있겠지. 커다란 짐승들은 두렵지
않아. 손톱이 있으니까." 그러면서 꽃은 천진난만하게 네 개
의 가시를 보여주었다. 그리고 다시 말을 이었다.

"그렇게 우물쭈물하고 있지 마. 신경질 나. 떠나기로 결심했
으니, 어서 가."

꽃은 울고 있는 자기 모습을 어린 왕자에게 보이고 싶지 않았
다. 그토록 자존심 강한 꽃이었다.

▲ ▲ ▲

우리 마음의 화산

피카소의 유명한 작품 중 「한국에서의 학살」이 있다. 이 그림
을 볼 때 우리에게 가장 먼저 인식되는 것은 무엇일까? 그림
의 색채. 화폭과 물감의 재질. 제작 연도. 크기. 그림이 주는

즉각적 감각 정보와 그에 따른 감성적 반응. 이것이 우리가 가진 첫 번째 눈에 보이는 것들이다.

여기에 약간의 정보와 논리가 더해지면 그림은 달리 보인다. 이 그림이 묘사하는 것은 6·25 전쟁에서 벌어진 학살 상황이다. 중무장한 기계 인간이 어느 국적인지는 알 수 없다. 사실 국적이 무슨 상관이랴. 야만적 전쟁 상황 아래 어느 측에서든 학살은 모두 벌어졌다. 곧 벌어질 희생 앞에 공포에 찌든 얼굴도 있고 천진난만하게 놀고 있는 아이도 보인다. 이 그림은 「게르니카」와 함께 피카소의 반전 메시지를 담고 있는 작품이다. 이런 역사적 배경을 알고 보는 그림은 달리 보인다. 이 역사적 배경에 자유주의, 개인주의, 합리주의라는 근대적 가치관을 전제로 보면 우리는 자연스럽게 그림에 대한 몇 가지 새로운 논평을 내놓을 수 있다. 이것이 우리의 두 번째 눈, 즉 이성의 눈이다.

그러나 그것뿐인가? 그림을 가까이 또는 멀리 한없이 관조하면서 명상해보자. 인간의 본질, 폭력, 저항, 권력, 희망, 갈등을 둘러싸고 진행되어온 깊은 인류사. 그에 대한 공감과 동정, 연민에 대한 심층적인 이해가 생긴다. 총을 겨눈 이와 곧 죽을 자들의 표정에 스며든 고뇌. 폭력 기계 앞에 선 벌거벗은 인간의 대비. 이 고뇌는 수없이 반복되었고 지금도 여전한 현실의 한 단면이기도 하다. 이 고뇌는 내 속에서도 밖에서도 중첩되는 인간 보편의 것이다. 이 고뇌에 대한 목격에서 세상과 자신의 일체감을 볼 수 있는 눈, 이것이 세 번째 눈, 관조와 영혼의 눈이다.

비단 그림에 한하지 않고 우리는 목격하는 모든 사태에 대해 이 세 가지 눈을 가지고 본다. 그러나 애석하게도 우리가 집중하는 것은 앞의 두 가지다. 물질과학은 감각의 눈을 책임진다. 계산과 논리는 이성의 눈을 맡고 있다. 그러나 마음의 눈, 영혼의 눈은 지금과 같은 물신숭배의 사회에서 잊히거나 도래하지 않은 비전으로 전락하고 말았다. 누구를 만나고 무엇을 보든 겉에 보이고 계산 가능한 것들에는 민감하면서 보이지 않는 존재의 의미 연관과 맥락에는 무심히 살아가는 것이 현대인의 자화상은 아닌지.

어린 왕자의 별에는 세 개의 화산이 있다. 그중 둘은 불을 뿜는다. 즉 이미 활동하고 있고 우리 정신이 그것을 자각한다는 뜻이다. 그것은 감각의 눈과 이성의 눈에 보이는, 감각에 기초한 감정과 이성에 기초한 계산 논리들이다. 그래서 이것들은 '아침밥을 데우는 데', 즉 생존본능과 거기에 충실한 일상 기능에 유용하다고 한다. 그렇다면 불 꺼져 있는 또 하나의 화산은 무엇인가? 아직 우리가 자각하지 못하지만 분명히 존재하는 무엇. '어떻게 될지 알 수 없는' 무엇. 영혼이다. 기독교 전통에서는 인간을 몸 – 마음 – 영혼의 결합체로 이해한다. 또는 물질적인 에테르체와 정신적인 아스트랄체, 영적인 멘탈체로 부르기도 한다. 이들은 각각 감각 – 이성 –

영성의 눈을 가졌다고 본다. 감각에 기초한 감정과 논리에 기초한 이성이 일상 생존에 쓰이는 자각된 두 가지 화산이라면 아직 잠재력으로 깨어나지 않은 화산은 발견되어야 할 영혼이다. 그래서 어린 왕자는 어찌 될지 모른다는 여운을 남긴다. 그러나 잠든 듯 보이는 그 휴화산도 분명히 우리 일부인 만큼 다른 두 화산만큼이나 정성스럽게 돌봐야 한다고 명시한다.

"화산들은 청소가 잘되어 있을 때는 부드럽게, 규칙적으로, 폭발하지 않고 타오른다. 화산의 폭발은 벽난로의 불과 마찬가지인 것이다." 양날의 칼이라는 말이다. 잘 조화되어 있을 때는 삶의 필수품이지만 자칫 폭발이라도 하면 곧 재앙으로 돌변한다. 이와 같은 문제의식은 『중용』에도 잘 나타나 있다.

희로애락지미발 위지중 발이개중절 위지화

(喜怒哀樂之未發을 謂之中이오 發而皆中節을 謂之和니라.)

중야자 천하지대본야 화야자 천하지달도야

(中也者는 天下之大本也요 和也者는 天下之達道也니라.)

치중화 천지위언 만물육언

(致中和면 天地位焉하며 萬物育焉하니라.)

위 세 문장을 직역하면 "희로애락이 발發하지 않는 상태를 중이라 하고, 외부에 나타나되 절도에 맞는 것을 화라 한다. 중은 천하의 대본이요, 화는 천하의 달도(통용되는 도)다. 중과 화에 이르게 되면, 하늘과 땅이 제자리에 있게 되고 만물이 잘 자라게 된다"는 뜻이다. 화산들이 폭발이 아니라 부드럽고 조절된 방식으로 타오르면 만물이 잘 성장한다. 군자와 소인의 차이는 이 조절의 차이와 다름없다. 그러나 어린 왕자의 우려대로 우리는 얼마나 잦은 폭발로 애먹고 있는가? 청소를 해주지 않는다는 말은 습관적으로 쌓이는 대로 방치한다는 말이다. 온갖 사회적 통념과 선입관을 한 번 거르지도 않고 그냥 안고 살아간다. 그렇게 덕지덕지 먼지 덮인 화산은 언젠가 폭발을 일으킬 것이다. 고립된 개별 자아를 전제로 허영과 계산이 매개되면 그 안에서 발휘되는 감각과 이성의 눈은 스트레스의 근원지 역할도 겸하기 때문이다. 그리고 이 폭발의 기폭제는 '자존심'이다.

최초이자 최후의 적—자존심

애착으로서의 에로스도 파괴로서의 타나토스도 모두 세상으로부터 분리된 '개체 자아' – 에고를 전제로 작동한다. 이 에고가 정체성의 중심이 되는 것은 상당한 감정과 이성의 성숙을 거치고 나서나 가능하다. 그런 면에서 '자존심'은 꽤나 고차적인 의식이다. 사물 분간 못하던 어린 시절을 지나 부모를 절대시하던 유아기를 거치고 사회의 관습을 내면화하며 온갖 동일시 대상을 찾는 과정이 무르익고 나서 비로소 인간은 주체성 – 자존심이 마음의 중심을 차지하게 된다.

매슬로Maslow에 따르면 생존욕 – 안전욕 – 소속욕(=사회적/관습적 인정 욕구)을 거치고 나서야 비로소 주체성으로서 자기 존중이 발생한다. 그러나 실현 욕구 이상으로까지 상승하지 못한 상태의 자존심, 즉 자존감을 포함하면서 초월하는 성숙에 이르지 못한 자존심은 고립을 자초한다. 그것이 설사 자기 외로움을 더하는 것이라 할지라도. 어린 왕자의 꽃은 어리석었다고 자책하고 용서를 빌면서도 마지막까지 가시의 허세를 버리지 않는다. 슬픔을 감수하면서도 사랑을 떠나보낸다. 어린 왕자 역시 예상외의 부드러운 답변을 의아해 하고 그 다정함에 놀라고 여전히 보살펴주고 싶으면서도 이별의 길을 나선다. 이것이 자존심의 자기 갈등적 위력이다. 우리는 얼마나 알량한 자존심으로 많은 사랑을 상처 내며 사는가?

어린 왕자는 고립된 자아가 일으키는 허영과 자존심의 감옥을 떠난다. 이제 이와 똑같은 것들은 어린 왕자의 마음을 사로잡지 못할 것이다. 그러나 이 감옥의 바깥에 과연 다른 세계가 있을 것인가? 아무도 모른다. 모든 구도는 미지의 세계로 존재를 던지는 것이니까.

THE LITTLE PRINCE

PART
2

방랑하는
욕망

CHAPTER 10

방랑자 1
― 지배욕

그는 소행성 325호, 326호, 327호, 328호, 329호, 330호와 이웃해 있었다. 그래서 일거리도 구하고 견문도 넓힐 생각으로 그 별들부터 찾아보기로 했다.

첫 번째 별에는 왕이 살고 있었다. 그 왕은 주홍빛 천과 흰 담비 모피로 된 옷을 입고 매우 검소하면서도 위엄 있는 옥좌에 앉아 있었다.

"아! 신하가 한 명 왔구나!" 어린 왕자가 오는 것을 보자 왕이 큰소리로 외쳤다.

어린 왕자는 의아스럽게 생각했다.

"나를 한번도 본 적이 없는데 어떻게 나를 알아볼까?"

왕에게는 세상이 아주 간단하다는 것을 그는 몰랐던 것이다.

왕에겐 모든 사람이 다 신하인 것이다.

"너를 좀 더 자세히 볼 수 있도록 가까이 다가오라." 한 사람의 왕 노릇을 하게 된 것이 몹시 자랑스러워진 왕이 말했다.

어린 왕자는 앉을 자리를 찾았으나 그 별은 흰 담비 모피의 그 호화스러운 망토로 온통 뒤덮여 있었다. 그래서 그는 서 있었다. 그리고 피곤했으므로 하품을 했다.

"왕의 면전에서 하품하는 것은 예의에 어긋나는 일이니라. 하품을 금지하노라." 왕이 말했다.

"하품을 참을 수가 없어요. 오랫동안 여행을 해서 잠을 자지 못했거든요……." 어리둥절해진 어린 왕자가 말했다.

"그렇거든 네게 명하노니 하품을 하도록 하라. 하품하는 걸 본 지도 여러 해가 되었구나. 하품하는 모습은 짐에게는 신기한 구경거리니라. 자! 또 하품을 하라. 명령이니라." 왕이 말했다.

"그렇게 말씀하시니까 겁이 나서 하품이 나오지 않는군요……." 어린 왕자는 얼굴을 붉히며 말했다.

"어흠! 어흠! 그렇다면 짐이……짐이 명하노니 어떤 때는 하품을 하고 또 어떤 때는……" 하고 왕이 말했다. 그는 뭐라고 중얼중얼했다. 화가 난 기색이었다. 왜냐하면 그 왕은 자신의 권위가 존중되기를 무엇보다도 바라고 있었기 때문이다. 불복종은 용서할 수 없는 것이었다. 그는 절대군주였다. 하지만 매우 선량했으므로 사리에 맞는 명령을 내리는 것이었다.

"만약에 짐이 어떤 장군더러 물새로 변하라고 명령했는데, 장

군이 이 명령에 따르지 않았다면 그건 그 장군의 잘못이 아니라 그건 짐의 잘못이니라"라고 그는 평상시에 늘 말하곤 했다.

"앉아도 좋을까요?" 어린 왕자가 조심스럽게 물었다. "네게 앉기를 명하노라." 흰 담비 모피로 된 망토 한 자락을 위엄 있게 걷어 올리며 왕이 대답했다.

그러나 어린 왕자는 의아해 하고 있었다. 별은 아주 조그마했다. 왕은 무엇을 다스린담?

"임금님, 한 가지 여쭈어봐도 좋을까요?"

"네게 명하노니, 질문을 하라." 왕은 어린 왕자에게 서둘러 말했다.

"임금님……임금님은 무엇을 다스리고 계신지요?"

"모든 것을 다스리노라." 퍽이나 간단히 왕이 대답했다.

"모든 것을요?"

왕은 신중한 몸짓으로 그의 별과 다른 별들, 그리고 떠돌이별들을 가리켰다.

"그 모든 것을요?" 어린 왕자가 물었다.

"그 모든 것을 다스리노라……." 왕이 대답했다.

그는 절대군주였을 뿐 아니라 온 우주의 군주이기도 했던 것이다.

"그럼 저 별들도 임금님께 복종하나요?"

"물론이니라. 즉각 복종하노라. 규율을 거역하는 것을 짐은 용서하지 아니하느니라." 왕이 말했다.

그러한 굉장한 권력에 어린 왕자는 경탄했다. 그도, 그런 권능을 가질 수 있다면 의자를 뒤로 물려놓지 않고서도 하루에 마흔네 번 아니라, 일흔두 번, 아니 백 번, 이백 번 해 지는 것을 볼 수 있을 게 아닌가! 그래서 버리고 온 그의 작은 별에 대한 추억 때문에 조금 슬퍼진 어린 왕자는 용기를 내어 왕에게 부탁을 드려보았다.

"저는 해가 지는 것을 보고 싶습니다……저의 소원을 들어주십시오……해가 지도록 명령해 주세요……."

"짐이 어떤 장군에게 나비처럼 이 꽃에서 저 꽃으로 날아다닐 것을 명령하거나 비극 작품을 한 편 쓰라고 명령하거나 또는 물새로 변하도록 명령했는데 그 장군이 그 명령을 받고 복종하지 않는다면 그의 잘못일까, 짐의 잘못일까?"

"임금님의 잘못이지요." 어린 왕자가 자신 있게 말했다.

"옳다. 누구에게는 그가 이해할 수 있는 것을 요구해야 하는 법이니라. 권위는 무엇보다도 이성에 근거를 두어야 하느니라. 만일 네가 너의 백성에게 바다에 몸을 던지라고 명령한다면 그들은 혁명을 일으킬 것이다. 내가 복종을 요구할 권한을 갖는 것은 나의 명령들이 이치에 맞는 까닭이다." 왕이 말을 계속했다.

"그럼 제가 해 지는 것을 보게 해달라고 한 것은요?"

한번 한 질문은 절대로 잊지 않는 어린 왕자가 일깨웠다.

"해가 지는 것을 보게 해주겠노라. 짐이 요구하겠노라. 그러나 내 통치 기술에 따라 조건이 갖추어지길 기다려야 하느니라."

"언제 그렇게 되나요?" 어린 왕자가 물었다.

"으흠. 으흠! 오늘 저녁……오늘 저녁 일곱 시 사십 분이니라! 짐의 명령이 얼마나 잘 이행되는지 너는 보게 될 것이다." 왕이 대답했다.

어린 왕자는 하품을 했다. 해 지는 것을 못 보게 된 것이 섭섭했다. 그는 어느새 조금 싫증이 나 있었다.

"저는 이제 여기서 할 일이 없군요. 다시 떠나가 보겠습니다!"

"떠나지 말라. 떠나지 말라. 너를 대신으로 삼겠노라!"

신하가 한 사람 있게 된 것이 몹시 자랑스러운 왕이 대답했다.

"무슨 대신이요?"

"저……사법대신이니라!"

"하지만 재판받을 사람이 아무도 없는데요!"

"그건 모를 노릇이지. 짐은 아직 짐의 왕국을 순시해보지 않았느니라. 짐은 매우 연로한데, 사륜마차를 둘 자리도 없고, 걸어다니자니 피곤해지거든." 왕이 말했다.

"아! 제가 벌써 다 보았어요." 허리를 굽혀 별의 저쪽을 다시 한 번 바라보며 어린 왕자가 말했다. "저쪽에도 아무도 없는데요……."

"그럼 너 자신을 심판하라. 그것이 가장 어려운 일이니라. 다른 사람을 심판하는 것보다 자기 자신을 심판하는 게 훨씬 더 어려운 법이거든. 네가 너 스스로를 훌륭히 심판할 수 있다면 그건 네가 참으로 지혜로운 사람인 까닭이니라."

왕이 대답했다.

"예, 저는 어디서든 저를 심판할 수 있어요. 굳이 여기서 살 필요는 없습니다." 어린 왕자가 말했다.

"으흠, 으흠! 내 별 어딘가에 늙은 쥐 한 마리가 있는 줄로 알고 있다. 밤이면 그 소리가 들리느니라. 그 늙은 쥐를 심판하거라. 때때로 그를 사형에 처하거라. 그러면 그의 생명이 너의 심판에 달려 있게 될 것이다. 그러나 매번 그에게 특사를 내려 그를 아끼도록 하라. 단 한 마리밖에 없는 까닭이니라." 왕이 대답했다.

"저는 사형선고를 내리는 건 싫습니다. 아무래도 가야겠습니다." 어린 왕자가 대답했다.

"가지 마라." 왕이 말했다.

어린 왕자는 떠날 준비를 끝마쳤지만 늙은 왕을 슬프게 하고 싶지 않았다.

"임금님의 명령이 준수되길 원하신다면 제게 이치에 맞는 명령을 내려주시면 되지 않겠습니까. 이를테면 1분 내로 떠나도록 제게 명령하실 수 있으시잖아요. 지금 조건이 좋은 것 같습니다."

왕이 아무 대답도 하지 않았으므로 어린 왕자는 머뭇거리다가 한숨을 내쉬고는 길을 떠났다.

"너를 내 대사로 명하노라." 왕이 황급히 외쳤다.

그는 매우 위엄에 넘치는 표정을 짓고 있었다. '어른들은 참 이상하군.' 어린 왕자는 여행하면서 속으로 중얼거렸다.

———

▲ ▲ ▲

열등한 우월감

어린 왕자가 자기 별, 마음의 고향을 떠나 처음 방문한 별은 '왕의 별'이었다. 이 여행은 자기 본성에 대한 내적 주시의 방향이 틀어져 외부로 에고를 확장하려 할 때 집착하게 되는 일체의 동일시 대상들, 탐욕의 전형들을 보여준다. 그 첫째 마음이 왕으로 표현되는 '권력욕'이다. 소유욕과 함께 탐욕의 대명사인 권력욕은 애초에 상처받은 존재 불안감에 기초하여 발생한다. 억압과 불안을 느낀 인간은 자신이 받은 억압과 불안을 벗어던질 만큼의 힘을 원하며 무엇보다 타인이 그 힘을 인정해주기 바란다. '타인의 인정' 위에서만 권력은 형성된다. 최종적인 형태가 권력일 뿐이지 모든 우월감은 동일한 구조를 가진다.

공부에 별 흥미 없는 내 딸이 첫 시험을 보던 날이 생각난다. 당연히 꼴찌 비슷한 성적을 받았다. 그 다음 시험이 다가왔을 때, 딸은 누가 시키지도 않았는데 열심히 시험 대비 공부를 했다. 내가 넌지시 물어봤다. "너 왜 공부하냐? 하기 싫을 텐데." 딸이 외마디로 답했다. "쪽팔려서!" 딸은 이미 상처받았던 것이다. 이유는 모르겠으나 시험 성적을 전후로 자신을 보는 타인의 시선이 달라짐을 알았고, 공부는 이제 자기를 무시하는 그 시선을 위한 복수가 됐을 터이다. 열등감을 먼저 느끼지 않았다면 우월감이 필요치 않으리라. 비교 속에서만 돌아가는 사회 메커니즘이 또 한 인간을 끝없는 경쟁 구도로 밀어 넣는 순간이었다. 이렇게 사소하고 순진하게 시작된 비교 경쟁 게임은 악무한적으로 계속된다. 그리고 그 끝은 권력욕이다.

권력이란 상대 의지를 무시하고 내 의지를 관철시킬 힘이다. 이런 힘에 대한 탐욕이 생기려면 우선 상대와 나를 적대적으로 분리하는 의식이 선행해야 한다. 이것이 소위 에고-자아의 탄생이다. 이 분리 의식과 함께 자기연민이 발생해야 한다. 즉, '이 상태로는 위험해'라는 의식적 불안이 조성되어야 한다. 분리와 연민, 불안으로 이어지는 심리는 자기 존재의 확장을 꾀한다. 그 확장을 통해 안심을 얻을 수 있다는 망상 때문이다. 인정받을 수 있다면, 더구나 그 인정 정도가 상대의 복종을 끌어낼 정도라면 분리 불안증이 위로받을 수 있다는 심리가 권력욕의 밑에 깔려 있는 것이다. 이 점에서 권력욕은 아이러니하게도 '의존심'이다. 상대의 인정에 내 삶의 의미가 달려 있기 때문이다.

영웅을 좋아하는 자는 영웅의 힘을 자신의 세계와 동일시한다. 그래서 인간은 강력한 집단이나 사회적 가치에 소속되고자 한다. 그 동일시의 정도가 강하면 스스로 정점에 서고 싶어 하는 그것이 곧 권력욕이다. 그래서 권력 지향적인 자는 자기보다 강한 힘 앞에 스스로 무릎 꿇고 자기보다 약한 자 앞에 늘 군림하려 하는 법이다. 복종이든 지배든 양자는 '동일시'라는 공통점을 가진다.

물론 이 확장적 동일시는 애초에 망상이었으므로 그 범위를 아무리 넓혀도 존재 불안감은 사라지지 않는다. 따라서 모든 탐욕에는 그 끝이 없다. 맹목적 확장만 있을 뿐이다. 그래서 이 왕은 '모든 것'을 다스리노라고 선언하고 있다. 어린 왕자가 의아하게 생각하듯, 처음 본 사람도 오로지 자신의 지배 수단으로 볼 뿐이다. 탐욕이란 하나의 '시각'이어서 그 색안경을 끼면 그 색안경 색대로 세상이 보이므로 대상을 가리지 않는다.

그러나 모든 권력이 착각하는 바가 있으니 그것은 힘을 통해서는 조화와 공감의 질서는 이루어지지 않는다는 것이다. 힘에 눌린 피지배자는 굴복하고 있을 뿐이다. 굴복하고 있는 자는 언젠가 스스로 지배의 자리에 가기 위해 참고 있을 뿐이다. 이것은 겉은 평화로우나 속은 들끓고 있는 상태다. 그래서 공자는 힘과 법으로는 세상을 다스릴 수 없다고 했다. 더구나 늘 도전받는 긴장 속의 이 권력은 정작 자연 본성과 관련된 것에는 어떤 힘도 발휘할 수 없다. 우리가 명확히 알아야 할 것이 하나 있는데, 그것은 인간 역시 자연이라는 점이다. 그러므로 권력은 자연에 대해 무력하듯 인간의 내면에 관한 한 무력하다. 이 초라한 왕은 어린 왕자의 소박한 소망을 이루어줄 수 없다. 해가 지는 것을 보고 싶다는 내면의 요구에 대해 권력은 무력하다. 그것은 권력에 의해서가 아니라 자연에 의해서만 저절로 될 때 일어나는 현상이다.

자신의 소박한 소망이 권력의 힘으로는 어찌할 수 없다는 것을 안 어린 왕자가 이 별을 떠나려고 하자 왕은 필사적으로 어린 왕자를 잡으려 한다. 여전히 자신이 알고 있는 유일한 수단에 집착을 버리지 못하고 있다. **지배자야말로 피지배자**

에게 의존하고 있다는 사실이 재미있게 그려진 대목이다.

돈, 권력, 명예 이런 세속적 가치들은 그 자체로 궁극의 목적 가치는 아니다. 인간들은 이것들을 교두보로 결국 자유나 사랑에서 얻을 수 있는 기쁨을 얻고 싶어 한다. 세속적 가치가 많으면 더 인정받고 더 에고의 확장을 누리며 살 수 있다는 착각 때문이다. 물론 이루어지지 않는다. 그런데 이루어지지 않으면 자신의 해결 방향을 의심해야 하지만 대부분은 수단의 부족 때문이라 여긴다. 그래서 더 집착하는 악순환의 길로 주저없이 들어서는 것 아닐까.

내 눈의 대들보

어린 왕자를 붙잡고 싶은 왕은 '심판' 하는 역할을 주겠다고 유혹한다. 그러나 어린 왕자는 재판받을 사람이 아무도 없다고 간단히 거절한다. 재판을 한다는 것은 대상을 단정 짓고 개조한다는 자세다. 이제껏 근대사회는 자연을 과학적으로 단정하고 경제적 필요에 따라 개조해왔다. 이를 정당화하기 위해 철학을 위시한 온갖 교설이 동원되어왔다. **자연에 대한 인간의 태도는 곧 인간에 대한 인간의 태도와 다를 수 없다.** 세계의 진위와 선악에 대한 단정적 판단은 궁극적으로는 불가능하다. 우리의 진위 의식이래야 기껏 '인과율' 의 범주에

갇혀 있고 선악의 기준이라는 것도 의식적 사고 수준을 벗어나지 못한다. 우리가 흔히 알고 있는 원인은 대개 '선행 조건'에 불과하다. '비의 원인은 구름'이라는 식이다. 그러나 구름의 원인은 무엇인가라는 식으로 인과를 쫓아 들어가면 언제나 남는 것은 순환논리뿐이다. 구름은 수증기, 수증기는 바다의 증발, 바다는 강, 강은 냇물, 냇물은 샘물, 샘물은 지하수, 지하수는 비가 원인이지 않은가? 이 모든 순환을 만들어내는 궁극의 힘에 대해 과학은 답할 수 없다.

선악의 기준 역시 대개 스스로 부여하는 소속감 범위의 경계에서 비롯된 것일 뿐이다. 종교 정체성이 강한 이는 그 종교 구성원을 기준으로 안과 밖을 나누고 안으로는 선하고 밖으로는 악하게 된다. 정체성의 본질 자체가 타자와의 구별 정립이므로 특정 범위와의 동일시 아래에서 내부 결속과 외부 배제는 불가피하다. 테러리스트는 자국민에게 영웅이고 적대자에게 범죄자일 뿐이지 보편적 선이거나 악일 수 없다. 보편 선을 규정할 수 있으려면 보편 범주를 설정해야 하나 사회적 합의와 규범의 수준에서 보편 범주는 도움 되지 않는다. 그러므로 존재하는 모든 선악관은 상대적일 수밖에 없다. 그럼에도 불구하고 대상을 단정 판단한다면 심판이 곧 오류가 되고 만다. 결국 이 단정 판단은 실제 대상이 어떠하든 자신의 인정 욕구를 시위하는 것 이상이 아니다. 그래서 예수는 이렇게 말한다.

"비판을 받지 아니하려거든 비판하지 말라. 너희의 비판하는 그 비판으로 너희가 비판을 받을 것이요 너희의 헤아리는 그 헤아림으로 너희가 헤아림을 받을 것이니라. 어찌하여 형제의 눈 속에 있는 티는 보고 네 눈 속에 있는 들보는 깨닫지 못하느냐. 보라 네 눈 속에 들보가 있는데 어찌하여 형제에게 말하기를 나로 네 눈 속에 있는 티를 빼게하라 하겠느냐. 외식하는 자여, 먼저 네 눈 속에서 들보를 빼어라. 그후에야 밝히 보고 형제의 눈 속에서 티를 빼리라."(마태복음 7장)

되받을 것이 무서워 판단하지 말라는 뜻이 아니다. 판단할 만한 깨달음이 없는 자, 눈에 들보가 낀 자가 판단함을 경계하는 말이다. 이미 들보를 뺀 자라면 판단과 비난을 통해서 정죄하는 대신 다른 방식을 택하게 될 것이라는 말이기도 하다. 그러므로 자연도 사회도 내가 심판하고 개조할 무엇이 아니다.

심판할 무엇이 없다고 하자 왕은 '자신'을 심판하라고 제안한다. 자기 심판. 이것을 흔히 '자기 검열'이라 하기도 한다. 우리가 스스로를 책망하거나 반성할 때, 우리는 무엇을 기준으로, 누구의 시선으로 그렇게 하는가? 곰곰이 들여다보면 대개 '사회적 가치 위계의 내면화된 검열자'를 의식 속에 키우면서 '그'가 재단하는 것을 '내' 생각이라고들 한다. 인간은 밖을 개조하지 못하면 안이라도 개조하고 싶어 한다. 그러나 진짜 문제는 밖이나 안이 아니라 '개조'하려는 마음

자체에 있다. 물론 변화 자체가 나쁜 것은 아니다. 문제는 변화의 내용과 방식이다. 그 내용이 신의 섭리건 자연의 도리건 이치에 맞아야 한다. 평화로운 자발적, 내발적 질서의 발현이 아니라면 개조는 곧 무질서의 증가다. 억압적 개조는 잠재적 저항을 내포하지 않을 수 없으며 그 잠재적 저항은 마치 운전 중 액셀러레이터와 브레이크를 동시에 밟아, 겉은 고요하지만 내면은 엄청난 압력을 받고 있는 상태와 같다. 그 '폭풍 전의 고요'를 질서라고 부른다면 난센스가 되고 만다.

THE LITTLE PRINCE

CHAPTER 11

방랑자 2
— 인정욕

두 번째 별에는 허영심에 빠진 사람이 살고 있었다.

"아! 저기 나를 찬양하는 사람이 찾아오는군!"

어린 왕자를 보자마자 허영심 많은 사람이 멀리서부터 외쳤

다. 허영심에 가득 찬 사람들에겐 다른

사람들은 모두 자기를 찬양해주

는 사람들인 것이다.

"안녕하세요. 야릇한 모자를 쓰고

계시군요." 어린 왕자가 말했다.

"답례하기 위해서지. 나에게 사람

들이 환호를 보낼 때 답례하기 위해

서야. 그런데 불행히도 이리로 지나

가는 사람이 아무도 없어." 허영심 많은 사람이 대답했다.

"예?" 무슨 말인지 알아듣지 못한 어린 왕자가 말했다.

"두 손을 마주 쳐봐요." 허영심 많은 사람이 가르쳐주었다.

어린 왕자는 두 손을 마주 쳤다. 허영심 많은 사람은 모자를 들어 올리며 점잖게 답례했다.

'왕을 방문할 때보다 더 재미있군.' 어린 왕자는 속으로 중얼 거렸다.

그래서 그는 다시 두 손을 마주 두드렸다. 허영심 많은 사람이 모자를 들어 올리며 다시 답례를 했다. 오 분쯤 되풀이하고 나니 어린 왕자는 그 장난이 재미없어졌다.

"모자를 떨어뜨리려면 어떻게 해야지?" 어린 왕자가 물었다.

그러나 허영심 많은 사람은 그의 말을 듣지 못했다. 허영심 많은 사람들에게는 오로지 찬양의 말만이 들리는 법이다.

"너는 정말로 나를 찬양하지?" 그가 어린 왕자에게 물었다.

"찬양하는 게 뭐지?"

"찬양한다는 건 내가 이 별에서 가장 잘생겼고, 가장 옷을 잘 입고, 가장 부자이고, 가장 똑똑하다고 인정해주는 거지."

"하지만 이 별엔 아저씨 혼자밖에 없잖아!"

"나를 기쁘게 해줘. 그렇게 나를 찬양해줘."

"아저씨를 찬양해. 그런데 그게 아저씨에게 무슨 상관이 있 지?" 어깨를 조금 들썩하면서 어린 왕자가 말했다.

그리고 어린 왕자는 그 별을 떠났다. '어른들은 정말 이상하군.' 어린 왕자는 여행을 하면서 속으로 중얼거렸다.

———

▲ ▲ ▲

칭찬과 비난 사이

권력욕과 마찬가지로 허영심이 인정욕구의 다른 형태임은 말할 것도 없다. 일단 한번 자신의 고향을 떠난 우리 마음은 '대상과의 동일시를 통한 확장'과 '비교 우위'라는 두 축에 의해 무한 운동한다. 권력이 상대의 복종을 요구하는 것이라면 허영은 좀 더 심리적이고 자발적인 인정을 요구한다는 점에서 차이가 있다. 그 형태 차이를 일상어로는 '인기', '타인의 평가 시선' 정도로 이해해도 되겠다. 박수받고 칭찬받는 것 싫어하는 이가 어디 있는가? 현실적인 힘이나 재물보다 더 은밀한 방식으로 우리의 에고를 충족시켜주는 매혹이 바로 이것 아니던가? 어떤 이는 손해나 희생을 무릅쓰고라도 이것을 얻고 싶어 한다. 그래서 겉보기에 현실주의 vs. 이상주의로 보이는 많은 현상이 실은 우월감을 인정받는 방식의 차이에 지나지 않는 경우가 생기는 것이다.

『도덕경』 13장에는 다음과 같은 재미있는 문구가 있다. 이 구절은 인정욕에 기초한 허영심의 문제가 무엇인지 잘 설명해준다.

寵辱若驚, 貴大患若身. 何謂寵辱若驚.

총욕약경, 귀대환약신. 하위총욕약경.

寵爲下, 得之若驚, 失之若驚, 是謂寵辱若驚.

총위하, 득지약경, 실지약경, 시위총욕약경.

何謂貴大患若身. 吾所以有大患者, 爲吾有身.

하위귀대환약신. 오소이유대환자, 위오유신.

及吾無身, 吾有何患.

급오무신, 오유하환.

故貴以身爲天下, 若可寄天下, 愛以身爲天下, 若可託天下.

고귀이신위천하, 약가기천하, 애이신위천하, 약가탁천하.

문장의 의미를 간략히 요약하면 인간들이 세상의 '칭찬과 비난'에 너무나 민감하다는 것이다. 총애와 모욕이 곧 일상적 칭찬과 비난이다. 과한 칭찬과 비난이 모두 큰 우환과 같은데 그것을 제 몸처럼 귀하게 여긴다고 말한다. 칭찬과 비난은 모두 '보여지는 나'에 대한 타인의 평가다. 그것은 '있는 그대로의 나'가 아니다. 그러므로 칭찬과 비난은 어떤 경우에도 사실 자체일 수가 없다. 그것은 말末이지 본本일 수가 없다. 말단에 온통 신경을 쓰는 것은 본질의 공허를 허영으로 채우려 하기 때문이다.

어린 왕자의 말처럼 '이 별에는 아저씨 혼자밖에' 없다. 내 인생은 누구도 대신할 수 없고 오직 스스로 살아낸다. 따라서 내 인생의 의미와 가치에 대한 평가도 나밖에 할 수가 없다. 타인의 그것은 관전자 평에 불과하다. 수많은 위선과 가식을 떨고 사는 인간의 내면, 그 내면에 대한 이해와 평가는 오로지 스스로의 몫이다. 누군가 그를 이해하거나 오해해서, 물론 이 과정에 '정확성' 따위는 있을 수 없는데, 칭찬하거나 비난했다 하더라도 그것은 '아저씨에게 아무 상관없는' 일이다. 칭찬과 비난은 실제 존재를 전혀 바꿔내지 못한다. 예수님 말씀처럼 '우리 머리카락 한 올의 색깔' 도 어찌하지 못한다. 그래서 공자님은 인부지이불온人不知而不溫하면 군자君子라고 말한다. 타인의 평가에 호들갑을 떨지 않아야 그것이 성숙한 인격의 표시라는 것이다. 천명天命이라고 하든 소명召命이라고 하든 불혹不惑의 자기 이해를 가지고 있는 이라면 칭찬받았다고 우쭐해지거나 비난받았다고 갈 길을 돌리지 않을 것이다. 오직 그 이해가 공허한 자만 타인의 박수가 자기 삶의 동력이 되는 것인데, 그 동력은 이미 자기 손을 떠나 있고 심각한 의존에 기초한 것이므로 그야말로 우환덩어리다.

'총위하-아래로 행해진다' 는 것은 쉽게 말해 '무시하는 짓거리' 란 말이다. 누군가의 총애를 받는다는 것은 그 누군가가 내 위에 있어 나를 구속하는 입장이며 나를 업신여길 수도 있는 입장이라는 말과 같다. 상하 지위 고하와 지배관계를 전제로 해서만 '총애' 라는 말을 할 수 있다. 그러니 이미 총애받거나 말거나 하는 것은 내 의지와 무관한 무엇이다.

혹 총애받기 위해 꾸며 하는 행동이 있다면 이건 이미 노예의 삶이다. 그래서 그것은 얻어도 놀랄 일이고 잃어도 놀랄 일이 된다. 여기서 놀란다는 말의 의미는 '불안정의 극치' 라는 정도로 이해해야겠다. 총애를 받는 사람은 그 총애를 의식하고 유지하기 위해 구속된다. 그러나 그 총애는 자기 의지 밖의 무엇이다. 그러니 늘 불안할 수밖에. 있던 총애가 사라지면 그 총애에 의지하던 모든 기대 이익도 같이 사라진다. 존재 불안에 시달리는 이가 의지처를 상실하면 어쩔 줄 몰라 하게 마련이다. 우리는 일상에서 이런 일을 무수히 본다. 남녀 상열지사에서라면 흔히 보는 질투와 집착의 형태로 나타나기도 하고, 사회생활에서는 치열한 아부 경쟁의 진흙탕과 같은 모습으로 나타나기도 한다. 의지처를 잃었다고 생각하는 불안정한 이는 어떤 폭력, 잔인함도 내보일 수 있다. 그러니 총욕이 모두 깜짝 놀랄 일인 것이 맞다.

그런데 이런 우환덩어리를 간절히 바라는 이유는 무엇인가? 자기 몸에서 비롯되는 아상我相이 있기 때문이라고 말한다. 즉 이기심 때문이라는 것이다. 여기서 유의할 점이 있다. 모든 종교에서는 '자기를 찾아라' 고도 하고 '자기를 버리라' 고도 한다. 표면상 이 두 가지는 대립적이지만 내용상 대립적인 것은 아니다. 각자 말하는 '자기' 가 다른 의미인 것이다. 버리라고 할 때의 자기는 에고 - 아상 - 이기심을 말한다. '찾아라' 고 할 때의 자기는 천명 - 본성 - 유아唯我를 말한다.

인간의 언어가 불완전해서 똑같이 '자기'라고 표현될 뿐 같은 의미가 아닌 것이다. 위 구절에서 '몸'이라는 표현을 사용한 것은 바로 버릴 자기가 신체 감각에 기초한 고립, 분별 의식으로서 에고임을 강조하기 위해서다.

고립 분별된 자의식은 세상과 자기를 연기緣起된 전체로 인식하지 못하고 대립 적대하는 것으로 본다. 이 대립 적대감은 불안을 낳고 불안은 의지처를 찾게 되고 의지처는 언제나 보다 많은 타자— 그것이 돈이 되었건 권력이 되었건 칭찬이 되었건— 의 응원을 요청하게 되는 것이다. 이 응원을 간절히 바라고 그것을 얻기 위해 스스로의 본성을 등질 때, 그것이 바로 공자가 말하는 바 획죄어천獲罪於天이 된다. 하늘에 죄를 지으면 용서 구할 곳이 없다고 했다. 자업자득이기 때문이다. 이런 맥락의 투쟁심에서 나오는 이기심은 언제나 배타성을 전제한다. 일단 이 메커니즘이 작동하기 시작하면 곧 악순환적 윤회 운동이 일어난다.

그러므로 내게 이런 고립된 에고가 없다면 무슨 우환이 있겠는가? '나만의 것'으로 취할 무엇이 전혀 없다는 것을 아는 이가 그것 때문에 속을 태우고 세상과 싸울 일이 있을 리 있는가? 그렇게 얻고 싶은 것이 없는 이에게 무슨 높은 분의 총애가 필요하겠는가? 총애를 구하지 않는데 어떻게 모욕이 생길 수 있겠는가?

그래서 마지막 문장에서는 역설적으로 세상을 곧 제 몸처럼 아끼고 사랑하는 이에게만 세상을 맡길 만하다고 말한다. 실은 이 문장의 속뜻은 곧 자신과 세상 사이에 아무런 고립 장벽을 만들지 않는 사람, 제 이웃을 제 몸과 같이 사랑하는 사람이 되라는 말이다. 나와 세계가 불가피하게 연결되어 있어서 자연이 아파도 내가 아프고 중생이 아파도 내가 아프고 내가 맺고 있는 모든 관계가 곧 나이므로 그 관계에 병이 들면 곧 내가 아픔을 진심으로 느끼는 자만이 세상을 편하게 할 수 있다는 말이다. 칭찬을 구하고 비난을 피하고 싶다는 마음은 세상과 자기를 구별해놓은 다음 세상의 인정 위에 자기 욕심을 채우고자 하는 욕망에서 나오는 것이므로 그 상태를 초월한 인격이 될 때만 스스로도 세상도 편하게 할 수 있다는 말이다.

일상에서 가장 흔한 말로는 '관심병'이라 조롱받는 그 상태가 이 별 어른의 모습이다. 칭찬은 고래도 춤추게 한다고, 적절한 격려와 인정이 삶을 한층 부드럽게 하고 살 만하게 한다는 것에 토를 달 사람은 별로 없다. 그러나 그것이 '내가 제일 잘나가'가 되고 서로서로 그 상태를 부추겨 어깨 힘주고 뻐기고 사는 게 삶의 목표가 된다면 얼마나 우스꽝스러운 인생이 되고 마는가.

CHAPTER 12

방랑자 3
― 중독과 쾌락

그 다음 별에는 술꾼이 살고 있었다.

그 별에는 그저 잠시 들렀을 뿐이지만 어린 왕자를 깊은 우울에 빠뜨렸다.

"무얼 하고 있어요?" 빈 병 한 무더기와 술이 가득 차 있는 병 한 무더기를 앞에 놓고 말 없이 앉아 있는 술꾼을 보고 어린 왕자가 말했다.

"술을 마시지." 침울한 표정으로 술꾼이 대꾸했다.

"왜 술을 마셔요?" 어린 왕자가 그에게 물었다.

"잊기 위해서지." 술꾼이 대답했다.

"무엇을 잊기 위해서요?" 측은한 생각이 든 어린 왕자가 다시 물었다.

"부끄럽다는 걸 잊기 위해서지." 머리를 숙이며 술꾼이 대답했다.

"뭐가 부끄럽다는 거지요?" 그를 돕고 싶은 어린 왕자가 캐물었다.

"술을 마시는 게 부끄러워!" 이렇게 말하고 술꾼은 침묵을 지켰다.

그래서 난처해진 어린 왕자는 길을 떠나버렸다.

'어른들은 정말 이상하군.' 어린 왕자는 여행을 하면서 속으로 중얼거렸다.

▲ ▲ ▲

결핍과 권태 사이의 시소

이 별은 잠시 들렀을 뿐인데도 어린 왕자를 깊은 우울에 빠지게 했다고 한다. 그만큼 이 별의 모습이 인간의 탐욕이 초래하는 여러 모습 중에서도 가장 빈번하고 뿌리 깊은 것이라는 뜻일 게다. 이 장의 '술'은 단지 알코올만 뜻하는 것이 아니고 알코올로 대변되는 모든 종류의 '중독'을 말한다. 알코올 중독, 일중독, 게임 중독, 섹스 중독 등. 앞에 무엇이 붙든 뒤에 '중독'이 붙는다는 점에서 본질은 같다.

이 별의 술꾼은 술을 왜 마시느냐는 어린 왕자의 질문에 "잊기 위해 마신다"고 답한다. 중독의 기능이 '망각'에 있다는 뜻이다. 모든 중독은 무엇인가를 잊게끔 해준다. 그 무엇은 무엇인가? 술꾼의 대답은 '부끄러움'이다. 사실 인간이 잊고 싶은 무엇이 부끄러움뿐이겠는가. 부끄러움은 수치심의 일종이고 수치는 열등감의 일종이다. 열등은 심적 고통의 일종이고 고통의 뿌리는 고립된 개체 의식이다. 이 개체 의식의 뿌리는 무지다. 그리고 다시 그 무지는 사람을 부끄럽게 한다. 악순환이다.

망각의 미덕은 심적 고통에 대한 진통 효과에 있다. 괴로움에서 잠시 눈을 돌릴 수 있을 때, 인간은 '일시적 안심'을 얻을 수 있고 그것을 '쾌락'이라고 부른다. 그러나 이런 의미의 안심은 마치 구걸하는 거지가 당장의 밥값을 얻어 갖게 되는 안심과 별다를 바가 없다. 그 한 끼가 떨어지면 반복되는 고통이 다시 다가온다. 결국 쾌락을 바라는 이유는 반복적 고통에 대한 도피를 원하기 때문인데, 그러므로 쾌락은 결코 능동적 의지가 될 수 없다. 그것은 오직 고통을 전제한 후 그 고통에 대한 수동적 회피 반응일 뿐이다.

그러나 알다시피 도피는 문제 해결이 아니다. 모든 도피는 문제를 지연시킬 뿐 해결하지 않는다. 그리고 그 지연은 문제를 방치한 것이므로 문제를 필연적으로 더 키운다. 결국

술이 깨고 나면 더 커진 문제와 만나야 하는 현실이 있고 더 커진 고통은 더 큰 도피 – 진통제를 요청한다. 그래서 **중독**= 망각=쾌락의 시스템은 엔트로피 증대 법칙처럼 더 이상의 도피가 불가능한 최종 종착지까지 스스로 몸집을 불려나간 다. 물론 그 끝에는 과정이 맹목적이었으므로 결과도 이유를 알 수 없는 파멸이 있다.

실제 현실에서는 하나의 중독적 쾌락이 그 수확체감을 통한 한계효용을 다하고 나면 즉시 다른 형태의 쾌락을 추구하게 된다. 잊고 싶은 현실의 고통이 여전한 이상, 쾌락은 선택이 아니라 그것의 추구 자체가 삶의 당연한 과정으로 간주된다. 알면서도 벗어나지 못하는 다람쥐 쳇바퀴가 되어버리는 것이다. 그럼에도 불구하고 우리는 얼마나 태연하게 '쾌락을 추구하고 고통을 피하는 삶'을 바람직하고 가능하다고 여겨왔던가.

모든 이분법이 자체적인 모순을 가지듯, 아리스토텔레스 이래 삶의 법칙을 지배하는 황금률로 여겨졌던 쾌락 추구와 고통 회피는 사실 동전의 양면에 불과하다. 악이 없으면 선이 없고 경찰이 범죄 없는 사회를 바랄 수 없으며 제약회사가 질병 없는 사회를 바랄 수 없듯, 쾌락은 고통이라는 전제에 기생한다. 그러므로 쾌락은 고통을 조금도 건드리지 못한다. 그것이 자신의 뿌리이기 때문에 그렇다. 쾌락의 일반적인 속성을 정리하자면 다음과 같다.

첫째, 쾌락에는 효용체감의 법칙이 적용된다. 어떠한 쾌락도 감가상각되며 수확체감된다. 그러므로 그것은 고통에 대한 지속적 진통 효과조차 기대할 수 없다. 아무리 좋게 느껴지는 어떤 중독 대상도 반복되면 지겨워지기 마련인 것이다. 이 지겨움은 권태라는 새로운 고통이 된다.

둘째, 일단 무엇에인가 중독적 쾌락을 느끼고 나면 쾌락이 없는 모든 시간은 쾌락의 부재감만큼 고통으로 경험된다. 모든 중독자는 중독 대상이 없는 전 시간이 견디기 힘든 고통의 순간들이다. 사랑은 달콤하지만 그 중독적 사랑의 대상이 눈앞에 없는 모든 시간을 지옥으로 만들지 않는가.

셋째, 쾌락은 그 전제인 고통의 양질에 비례하며 상호 의존하므로 고통 그 자체의 해결에 대해서는 무기력하다. 우월감은 열등감의 고통을 일시 경감하지만 더 큰 우월 상태를 유지, 발전시키기 위해 더 큰 고통이 동반되는 식이다.

이런 쾌락의 심리적 과거형은 '집착'이고 미래형은 '기대'다. 그것이 미화되면 '추억'이나 '희망'으로도 불린다. 그러므로 과거에 대한 옛 사랑이나 추억의 영광을 되살린다는 모든 명분, 미래에 대한 근거 없는 기대에 기초한 유토피아적 이상주의는 관념적 쾌락의 한 형태다. 그런 것들 역시 물질적인 알코올과 마약 못지않게 사람을 홀린다. 그 최면 속에서 **삶의 고통**, 아니, 삶이라는 고통을 외면하게 하는 모든 것은 쾌락으로 **체감된다.**

모든 종교의 공통된 목적이 심적 고통으로부터 해방이라 하지만 역설적이게도 이 해방은 삶 그 자체가 피할 길 없는 고통의 연속임을 회피하지 않고 냉정하게 인정함으로써만 이루어진다. 고통 자체가 자연스럽고 필연적인 삶의 일부임을 알고 받아들임으로써 불가능한 회피 시도에서 오는 고통이 경감되는 것이지 도피를 통해 해결할 길은 전혀 없다. 제법무아, 제행무상과 함께 불교의 삼법인으로 불리는 또 하나의 명제가 모든 것이 고통이라는 일체개고—切皆苦 아니던가. 사실 고통이란 자극이 일정한 수준을 넘어선 상태와 다름 없다. 자극은 만물의 운동 과정에서 발생하는 온갖 종류의 접촉과 반응에서 발생한다. 운동은 그 자체로 생명의 본능이고 모든 운동은 관성의 법칙을 가지는 데다 인간은 행인지 불행인지 지구상 가장 복잡한 생명체이기 때문에 이 복잡계인 인간의 심신을 진정시키는 데는 그 어느 생명체보다 더 많은 에너지가 필요하다. 자극—반응의 인간화된 형태인 욕망과 그 결핍감에 대한 충족의 균형을 우리는 '행복'이라고 한다. 그런데 자연에서의 균형, 즉 열평형 상태가 운동의 소멸을 의미하듯 **인간의 욕구 만족=행복은 곧 죽음을 연상시키는 권태를 초래한다.**

그러므로 욕망에 대한 외부 조건의 충족이라는 의미에서 행복은 그것이 없을 때의 갈증과 그것이 채워졌을 때의 권태 사이에서 벌어지는 시소 게임을 벗어나지 못한다. 만족하면 권태롭고 권태로움은 불만이다. 측량할 길 없는 시간과 싸우면서 영원히 바위를 밀어 올려야 하는 시시포스의 신화를 운명처럼 짊어진 인간 존재의 숙제가 여기서 주어진다. 이대로 이 지겨운 악순환 안에서 살 것인가? 어린 왕자의 방황은 여기서는 끝날 수 없었다.

THE LITTLE PRINCE

CHAPTER 13

방랑자 4
― 소유욕

네 번째 별은 장사꾼의 별이었다. 그 사람은 어찌나 바쁜지 어린 왕자가 찾아왔는데도 고개조차 들지 않았다.

"안녕하세요. 담뱃불이 꺼졌군요." 어린 왕자가 말했다.

"셋에다 둘을 더하면 다섯, 다섯에 일곱을 더하면 열 둘, 열둘에 셋을 더하면 열다섯, 안녕. 열다섯에 일곱을 더하면 스물 둘, 스물 둘에 여섯을 더하면 스물여덟, 다시 담뱃불 붙일 시간이 없어. 스물여섯에 다섯을 더하면 서른하나라. 휴우! 그러니까 오억 일백 육십 이만 이천 칠백 삼십 일이 되는구나."

"뭐가 오억이야?"

"응? 너 아직도 거기 있니? 저, 오억 일백만……도무지 틈을 낼 겨를이 없구나……너무 바빠서. 나는 중대한 일을 하는 사람이야. 허튼소리 할 시간이 없어! 둘에다 다섯을 더하면 일곱……."

"뭐가 오억인데?" 한번 한 질문은 절대로 포기해본 적이 없는 어린 왕자가 다시 물었다.

장사꾼은 고개를 들었다.

"이 별에서 오십사 년 동안 살고 있는데 내가 방해를 받은 적은 딱 세 번뿐이야. 첫 번째는 이십이 년 전이었는데, 어디서 왔는지 모를 웬 풍뎅이가 날 방해했어. 그게 어찌나 요란한 소리를 내는지 계산이 네 군데나 틀렸었지. 두 번째는 십이 년 전이었는데, 신경통 때문이었어. 난 운동부족이거든. 산보할 시간이 없으니까. 난 중대한 일을 하는 사람이라서 그래. 세 번째는 바로 지금이야! 가만 있자, 오억 일백 만이었겠다……."

"뭐가 오억 일백만이라는 거지?"

장사꾼은 조용히 일하기는 글렀다는 걸 깨달았다.

"때때로 하늘에 보이는 그 작은 것들 말이야."

"파리?"

"아니, 반짝거리는 작은 것들 말이야."

"꿀벌?"

"아니, 게으름뱅이들을 멍청히 공상에 잠기게 만드는 금빛 나는 작은 것들 말이야. 헌데 난 중대한 일을 하는 사람이거든! 공상에 잠길 시간이 없어."

"아! 별 말이군?"

"그래 맞아, 별이야."

"오억의 별들을 가지고 뭘 하는 건데?"

"오억 일백 육십 이만 이천 칠백 삼십 일개야. 나는 중대한 일을 하고 있는 사람이고 정확한 사람이지."

"그런데 별을 가지고 뭘 하는 건데?"

"뭘 하느냐고?"

"응."

"아무것도 안 해. 그것들을 소유하고 있는 거지."

"별들을 소유하고 있다고?"

"그래."

"하지만 내가 전에 본 어떤 왕은……."

"왕은 소유하지 않아. 그들은 다스리지. 그건 아주 다른 얘기야."

"그럼 그 별들을 소유하는 게 아저씨에게 무슨 소용이 되는데?"

"부자가 되게 해주지."

"부자가 되는 게 무슨 소용이 있어?"

"다른 별들이 발견되면 그걸 사는 데 소용되지."

'이 사람도 그 술꾼처럼 말하고 있군.' 어린 왕자는 생각했다. 그래도 질문은 계속했다.

"별들은 어떻게 소유한담?"

"별들이 누구 거지?" 장사꾼은 두덜대며 물었다.

"모르겠는걸. 그 누구의 것도 아니겠지."

"그러니까 내 것이지. 내가 제일 먼저 그 생각을 했으니까."

"그러면 아저씨 것이 되는 거야?"

"물론이지. 임자 없는 다이아몬드는 그걸 발견한 사람의 소유가 되는 거지. 임자가 없는 섬을 네가 발견하면 그건 네 소유가 되는 거고. 네가 어떤 기막힌 생각을 제일 먼저 해냈으면 특허를 맡아야해. 그럼 그것이 네 소유가 되는 거야. 그래서 나는 별들을 소유하고 있는 거야. 나보다 먼저 그것들을 소유할 생각을 한 사람은 아무도 없거든."

"하긴 그렇군. 그렇지만 아저씨는 별들을 가지고 뭘해?" 어린 왕자가 말했다.

"그것들을 관리하지. 세어보고 또 세어보고 하지. 그건 힘든 일이야. 하지만 나는 진지한 사람이거든!"

어린 왕자는 그래도 흡족해 하지 않았다.

"나는 말이야. 머플러를 소유하고 있을 때는 그것을 목에 두르고 다닐 수가 있어. 또 꽃을 소유하고 있을 때는 그 꽃을 꺾어 가지고 다닐 수 있고. 하지만 아저씨는 별들을 꺾을 수가 없잖아!"

"그럴 수는 없지. 하지만 그것들을 은행에 맡길 수 있지."

"그게 무슨 말이야?"

"조그만 종잇조각에다 내 별들의 숫자를 적어 그것을 서랍에 넣고 잠근단 말이야."

"그리고 그뿐이야?"

"그뿐이지."

'그거 재미있는데, 제법 시적이고. 하지만 그리 중요한 일은 아니군.' 어린 왕자는 생각했다. 어린 왕자는 중요한 일에 대해서 어른들과 매우 다른 생각을 가지고 있었다.

"나는 말이야 꽃을 한 송이 소유하고 있는데 매일 물을 줘. 세 개의 화산도 소유하고 있어서 주일마다 그을음을 청소해주고는 하지. 불이 꺼진 화산도 청소해주니까 세 개란 말이야. 언제 어떻게 될지 알 수 없는 노릇이거든. 내가 그들을 소유하는 건 내 화산들에게나 꽃들에게 유익한 일이야. 하지만 아저씨는 별들에게 하나도 유익하지 않잖아……."

장사꾼은 입을 열어 무슨 말을 하려 했으나 대답할 말을 찾아내지 못했다. 그래서 어린 왕자는 떠나버렸다.

'어른들은 아주 이상야릇하군.' 어린 왕자는 여행하면서 혼자 속으로 중얼거릴 뿐이었다.

▲ ▲ ▲

소유양식/존재양식적 삶

탐욕의 대명사라 할 만한 '소유욕'이 등장한다. 이 소유욕에 대한 비판은 동서고금의 수많은 성인, 현자들이 다양한 맥락에서 수없이 행해왔다. 현대 사회에 가장 많이 알려진 비판의 논리 중 하나는 에리히 프롬의 '소유양식적 삶과 존재양식적 삶'의 대비일 것이다. 잠깐 그 기본 맥락만 확인하고 가자.

> 만일 우리가 환경 때문에 극단으로 이끌리게 되고, 그래서 극단적인 태도 때문에 사람들 사이에 갈등이 생겨나고, 또한 본래의 운명으로부터 비켜가지 않을 수 없게 된다면, 그때 우리가 불러내야 할 미덕은 다름 아닌 절제일 것이다. 무언가를 소유하고, 능력을 갖추고, 가치를 지니는 것. 이런 것은 우리의 평안을 깨뜨리고 괴롭히게 된다. 많은 것을 소유한 사람? 소유가 우리를 괴롭히는 까닭은, 그것이 우리로 하여금 궁핍을 모르게 하고, 우리의 정체성을 더욱 크게 부풀려주기 때문이다. 그럼으로써 재물이 우리가 할 일을 대신하게 될 때, 우리는 스스로 존재할 수 없게 된다. 더군다나 우리는 다른 사람들을 착취함으로써 재산을 증식시키는 경우가 대부분이지 않은가! (중략) 나는 끊임없이 더 많이 소유하고, 더 많은 능력을 지니고, 더 나은 가치를 지니고 싶었다. 그런데 알고 보면, 이 같은 욕망은 인간

이 존재하기 위한 가장 기본적인 요소라고 할 수 있는 애정이 결핍되었을 때 나타나는 결과이다. 우리를 이 같은 광기狂氣와 상스러운 무지無知로부터 벗어나게 해줄 수 있는 것은 오직 하나, 곧 절제라는 태도다.

—피에르 쌍소, 『느리게 산다는 것의 의미』

참 재미있는 얘기를 하고 있다. 아니, 돈 많은 것이 사람을 괴롭힌다고? 말이 좀 어렵긴 하지만 결국은 그 말이다. 더구나 '스스로 존재할 수 없게 한다' 니? 모든 사람이 없어 못사는 돈이 아예 우리의 존재 의의를 갉아 먹어버린다니?

'정체성을 부풀린다.' 이 말에 힌트가 있을 법하다. 정체성이란 한마디로 '나는 무엇인가?' 에 대한 답을 말한다. 타인이 나를 보았을 때 나의 변하지 않는 본질이 무엇인가 하는 것이다. 나의 체질과 적성, 가치관과 사회적 역할 등등의 종합이 내 정체성을 이루는 바탕이 될 수 있다. 그런데 이것을 '부풀린다' 는 것은, 한마디로 '없는데 있는 척' 혹은 '뻥 튀긴다' 는 의미다. 돈이 있으면 무엇인가가 없는데도 있는 척할 수 있다는 말인가? 아, 이렇게 이해하고 보니 과연 그럴 수는 있겠다. 그 뒷 문장, '그럼으로써 재물이 우리가 할 일을 대신' 한다는 것도 실제로 자신이 그렇게 할 수는 없으면서 돈의 힘을 빌려 하는 척한다는 말로 이해하면 연결이 된다.

가령, 돈이 있으면 교양이 좀 없어도 웬만큼 커버가 된다.

집에 『브리태니커 백과사전』 수백만 원짜리 한 질 가져다 놓고, 명품이라 불리는 예술품들로 장식 좀 하면 누가 내 교양을 의심하겠는가? 거기다 지역 사회에 기부 좀 하고 유지 역할까지 자임한다면, 그래서 그럴 듯한 명함이라도 몇 장 있으면 오랫동안 쌓인 인격적 능력에 해당하는 교양이라는 것도 '있는 척' 하는 데는 별 무리 없어 보인다. 돈이 좀 들어서 그렇지 수백억을 기부하면 없던 박사 학위도 나오는 세상 아닌가? 돈만 있다면 골치 아프게 공부 안 해도 학위라는 명예도 주어진다. 그뿐인가? 남자들은 누구나 이소룡 사진 보면서 한번쯤 육체적으로 강해져보고 싶다는 어릴 적 호기가 있는데, 이것도 돈이면 해결된다. 이소룡 아니라 그 할아비가 와도 더 센 보디가드 고용할 돈이 나에게 있는 이상 나를 꺾을 수는 없을 것이다. 어디 그뿐인가? 요즘 중국의 현대화가 가속화되면서 신흥 부자가 많이 생긴 모양인데, 실제로 이런 기사가 있었다. 어떤 청년 재벌이 중국 전역에 광고를 냈다. 돈 버느라 바빠서 장가를 못 갔는데 신부 구한다는 구인 광고를 낸 것이다. 그랬더니 중국 전역에서 거의 십만 명 가까이 응모를 했다나? 너무 많이 몰려드니 좋긴 한데, 가리기가 만만치 않았던 모양이다. 그래서 예선부터 - 본선 - 결선에 이르는 콘테스트를 했다고 한다. 거기에는 인물 심사, 수영복 심사, 요리 대회, 심지어 마지막에는 무술 대회까지 포함되었다고 한다.

돈-교양, 돈-명예, 돈-힘, 돈-사랑. 이렇게 나열해놓고 보니 왼쪽 항에는 돈뿐이고 오른쪽 항에는 다양한 '가치'들이 보인다. 이렇듯 오늘날의 돈은 거의 모든 것들과 교환 가능하다고 해서 카를 마르크스라는 사람은 화폐를 모든 것과 교환 가능한 **'일반적 등가물'**이라고 불렀다. 이러니 돈만 있으면 나머지는 자동으로 해결된다. 게다가 오늘날 현대인의 생활은 자급자족 사회처럼 혼자 생활에 필요한 모든 것을 해내는 형태가 아니고 철저히 분업화된 업무 속에 대부분 시간을 보내는 형태다. 다른 일을 좀 해보고 싶어도 시간이 없다. 그 업무 속에서 내가 할 수 있는 것이라고는 오직 '돈'을 만들어 오는 것뿐이다. 그러면 그 돈으로 나머지 모든 가치를 교환해서 생활하는 것이다. 아이들 교육은 돈-학원으로 교환하고 가정의 보호는 돈-캡스로 해결하고 효율적인 여가 생활과 건강관리를 위한 계획도 돈-웰빙 서비스로 해결하는 식이다. 이러니 돈, 돈 안 할 수가 있는가?

이 질문 이전에 돈으로 교환할 것이 아니라 나 스스로 이런 '가치'들을 나의 내면에 가질 수는 없는 것인가? 돈으로 교환하는 경우는 돈 떨어지면 다 떨어지겠지만 그런 능력이 아예 내 내면에 갖추어져 있다면 불안할 필요가 없을 것 아닌가. 더구나 돈으로는 무엇이든 '척' 하는 것일 수밖에 없으니 실제로 그 가치들(예술의 향수 능력, 인간적 관계에서 오는 만족, 성취감 등등)을 통해 맛볼 수 있는 희열감과 만족은 못 느끼는 것 아닌가? 교환을 통한 대리 만족, 실은 가짜 만족이다. 에리히 프롬은 이것을 추구하는 삶을 **'소유 양식적 삶'** 이라고 불렀다. 반면 교환이 아니라 자신의 내면에 존재적 충만함을 추구하는 삶을 **'존재 양식적 삶'** 이라고 불렀다.

인간은 누구든 행복해지고 싶어 한다. 그리고 그 행복 추구를 위해 돈이 필요하다고 한다. 행복이라는 감정은 자신이 지향하는 가치를 성취했을 때 주어지는 특권이다. 인간은 누구나 다양한 욕구, 욕망을 가지고 태어난다. 그 모두를 다 채울 수는 없다 해도 자기 삶에서 스스로 중요하다고 생각하는 어떤 것들을 채우면서 느끼는 성취감이 곧 행복일 것이다. 그러나 정작 돈은 우리에게 가치 교환의 기회를 주지만 가치 그 자체를 주지는 못한다. 우리 집에 억대 문화재를 아무리 많이 사다 놓을 수 있다 하더라도 고려청자를 즐길 수 있는 안목과 가치관이 내게 없을 때 그 청자는 나의 결핍을 포장하는 위장용 전시품에 지나지 않는다. 내가 진정으로 인간과 깊은 관계를 맺을 인품을 갖추고 그 감정의 교류에 정서적 위안과 만족을 얻을 그릇이 되지 못한다면 어떤 사교장도 내 지위와 돈의 비교 우위적 과시 이상의 역할을 해주지 못한다. 소유는 할 수 있으나 일체가 될 수 없다는 말이다. 내 손에 있어도 내 것이 아닌 셈이다. 나라는 인간으로부터 우러나오는 것이 아니기에 내 정체성과는 영원히 일치할 수가 없다. 대리만족이란 정크 푸드 인스턴트 식품처럼 잠깐 혀끝을 속일 수는 있으나 내 몸에 스며들지 못하는 무엇이다. 그래서 이 것을 추구하면 할수록 우리 스스로는 무력해진다. 그런 맥락에서 **'스스로 존재할 수 없게 된다'**고 피에르 쌍소는 절규하고 있는 것이다.

추상화된 욕망—화폐

소유욕의 추구는 내면 성찰과는 아주 반대 방향으로 인간을 이끈다. 그래서 예수님조차 물신을 섬기는 이는 진정한 신을 섬길 수 없다는 이유로 '부자가 천국에 드는 것이 낙타가 바늘귀를 뚫는 것보다 어렵다'고 하신 것 아닌가.

그런데 현대 자본주의에서 소유욕은 소유욕 일반이라기보다 '화폐 소유욕'이다. 어떤 구체적 재화나 물건이 아닌 그 일반등가물로서의 화폐에 대한 소유욕이라는 점에서 전 시대의 소유욕과는 확연한 차이가 있다. 재화 일반의 가치는 필요 욕구의 충족에 있고 이를 재화의 '사용가치'라 한다. 반면 화폐로 표현되는 값을 '교환가치'라 하는데 현대의 소유욕은 이 교환가치를 목표로 한다. 돈이 다른 모든 구체적 재화, 즉 일정한 목적을 위한 재산과 다른 점은 특정한 필요가 아니라 그 어떤 필요라도 바꿀 수 있다는 미래적 가치에 있다. 그러므로 돈의 소유는 욕구충족 가능성 그 자체를 축적

한다는 의미가 있다. **돈은 추상화된 욕망이며 축적된 노동 시간인 것이다.**

에피쿠로스는 인간 욕구를 세 가지 항목으로 나누었다. 첫째, 자연적이며 없어서는 안 될 필수 욕구. 다름 아닌 의식주이며 이는 만족되기 쉽다. 둘째, 자연적이지만 필수적이지는 않은 욕구. 대표적인 것이 성욕이다. 이를 만족시키기는 앞서보다 어렵다. 셋째, 자연적이지도 필수적이지도 않은 욕구. 사치, 낭비, 화려, 영달을 바라는 것으로 이것을 만족시키기는 매우 곤란하다고 보았다. 이 곤란의 주된 이유는 이것이 물리적 한계가 없는 관념적인 것이며 그만큼 비교를 통해 키워지는 것이기 때문이다. 어떤 부자도 자신이 원하는 것이 더 있다면 그로부터 괴로움을 느끼는데, 관념의 비교의식은 목마른 이가 바닷물을 마시는 것과 같이 충족될수록 부풀어 오르기 마련이다.

그런데 추상화된 욕망을 축적하려는 의지는 주로 이 세 번째 욕구 탓이다. 물론 현실에서는 단지 최저 생계를 잇기 위한 최소한의 비용을 위해서도 악착같이 돈에 매달려야 하는 경우가 많다. 그러나 사회 전체로 보면 자본주의는 결코 필수 욕구 중심으로 운영되는 곳이 아니다. 셋째 욕구가 클수록, 또 계속 커져야만 유지될 수 있는 사회다. 그래서 돈을 버는 것이 당연한 목표이자 미덕이 된 사회에 우리는 살고 있다. 꿈, 희망, 인격의 실현이라는 가치, 목적 개념들이 모두

이 화폐로 환산되어버리고 말았다.

어린 왕자의 눈에 비친 장사꾼의 첫 번째 특징은 너무 바쁘다는 것이었다. '담뱃불을 붙일 시간조차 없다'고 한다. 이 정도의 열성이니 '물신 숭배'라는 말이 비유가 아니다. 그런 그를 방해한 것들이 있었다고 한다. **하나는 풍뎅이고 둘은 신경통이고 세 번째가 어린 왕자다.** 그는 자신만의 물신을 숭배하는 데 너무 바빠서 **자연을 돌아보거나 스스로의 건강을 돌보거나 내면을 성찰할 그런 시간**은 없더라는 말이다. 자연과도 인간과도 자신과도 관계 맺을 수 없는 인간. 이 모습이 바로 앞의 장에 나왔던 '얼굴이 시뻘건 신사=뿌리 없는 인생으로서의 버섯' 아닌가.

이 별의 장사꾼은 '게으름뱅이들을 멍청히 공상에 잠기게 만드는 금빛 나는 작은 것들=별'을 수집한다. 별은 그것이 희망이라 불리든 욕구라 불리든 인간이 원하는 모든 것의 상징이다. 이 장에서는 장사꾼이 별들을 수집하는 목적과 방법을 재미있게 그리고 있다.

목적은 '다른 별을 소유'하기 위해서다. 이것은 논리적으로는 동어반복이다. '돈을 왜 버는가?'에 대한 답이 '다른 돈을 더 벌기 위해서'라는 말과 같다. 무엇을 위해 돈을 버는 것이 아니라 돈 벌기 위해 돈 번다면 그 돈벌이는 '맹목적'이다. 우리는 돈을 벌기 위해 먹지도 않을 생명을 죽이고 필수 필요와 상관없는 과잉 생산을 항구화한다. 그 과정에서 돈벌이 자체는 맹목적이고 그에 따르는 대가는 삶을 지탱하는 데 필수적인 것들의 희생이다. 인간이 만든 문명의 이기 대부분이 필수 필요와 상관없지만 인간의 삶에 맹목적이어도 되는 유일한 가치는 삶 그 자체뿐이다. 이 맹목적 집착의 악순환을 보고 어린 왕자는 장사꾼도 술꾼과 같은 말을 하고 있다고 느낀다. 고통을 잊기 위해 망각을 주는 쾌락에 집착하면서 오히려 고통을 증대시키는 집착의 악순환을 여기서도 발견한 것이다.

방법은 두 단계에 걸쳐 제시된다. 하나는 **소유권의 성립**이고 둘은 **화폐의 성립**이다. 장사꾼은 아무도 자기 것이라 생각하지 않은 것을 스스로 먼저 자기 것이라 생각했으므로 자기 것이 되었다고 한다. 소유가 그 출발점에서 아무 근거도 없었다는 것을 보여준다. 근본적으로 보면 인간은 자연으로부터 공짜로 삶을 받았고 자연에 기대어 사는 모든 기간 동안 자연으로부터 생겨나는 원료와 작용에 힘입어 생존했다. 그 자연은 대가 없이 주어진 것이었고 인간의 어떤 노고도 없이 생겨난 것들이었다. 그러니 태초에 소유권이 있었을 리 만무하다. 소유권을 전제로 그것을 다시 추상화한 교환 수단이 화폐이니 이 둘은 오직 인간 마음이 만든 임의의 산물이지 어떤 자연적 필연성이 없다. 별(=희망)을 숫자(=화폐)로 치환한 장사꾼은 이제 자기만의 서랍에 남의 별마저 꽁꽁 묶어두고 싶어 한다.

"조그만 종잇조각에다 내 별들의 숫자를 적어 그것을 서랍에 넣고 잠 근단 말이야."

이 말은 은유도 비유도 아니고 그냥 사실인 것이다! 그래 서 허탈해진 어린 왕자는 '그뿐이냐?'고 되묻지만 돌아오는 대답은 '그뿐'이라는 것이다. 어린 왕자가 보기에 그것은 '재미있고 시적'이라고 한다. 이 말은 '어이없는 환상'으로 바꿔 읽을 만하다. 인간의 소망을 계량화하고 그 계량화를 화폐로 만들고 그 화폐는 실제 인간 행위와 아무 연결 고리도 없는 상태에서 끝없이 의미 없는 화폐량 획득 게임만 하고 있 는 현실은 충분히 시적이다. 인간의 탐욕은 논리를 가장하여 비약에 비약을 거듭한 끝에 비논리에 닿고 말았다. 이 자체 가 얼마나 시적인가!

"나는 말이야 꽃을 한 송이 소유하고 있는데 매일 물을 줘. 세 개의 화산도 소유하고 있어서 주일마다 그을음을 청소해 주고는 하지. 불이 꺼진 화산도 청소해주니까 세 개란 말이 야. 언제 어떻게 될지 알 수 없는 노릇이거든. 내가 그들을 소유하는 건 내 화산들에게나 꽃들에게 유익한 일이야. 하지 만 아저씨는 별들에게 하나도 유익하지 않잖아……."

꽃과 화산은 우리 내면의 어떤 상태들이다. 우리가 진정으 로 소유한 것은 결국 우리 자신뿐이다. 외부의 물적 대상이 나 타인의 평가는 내 의지와 관계없는 변수로 진정한 소유의 대상이 될 수 없다. 꽃과 화산을 보살피는 행위는 곧 수신修身이나 구도적 수행을 말한다. 나 하나의 수행은 나 하나에 끝나지 않는다. 모든 꽃들과 화산들에게도 유익한 일이다. 그러나 서랍 속에 별들의 숫자를 가두어버리는 것은 어떤 별들에게도 유익이 없다. 어린 왕자의 질문에 답을 찾지 못하면서도 그 장사꾼은 멈추지 않을 것이다. 참 이상하게도.

CHAPTER 14

방랑자 5
― 먹고사니즘

다섯 번째 별은 무척 흥미로운 별이었다. 그것은 모든 별들 중에서 제일 작은 별이었다. 가로등 하나와 가로등을 켜는 사람이 있을 자리밖에 없었다. 하늘 한구석, 집도 없고 사람도 살지 않는 별에서 가로등과 가로등 켜는 사람이 무슨 소용이 있는지 어린 왕자는 도무지 이해할 수가 없었다. 그렇지만 그는 속으로 중얼거렸다.

'이 사람은 어리석은 사람인지 몰라. 그래도 왕이나 허영심이 많은 사람이나 장사꾼 혹은 술꾼보다는 덜 어리석은 사람이지. 적어도 그가 하는 일은 어떤 의미가 있어. 가로등을 켤 때는 별 하나를, 꽃 한 송이를 더 태어나게 하는 것이나 같은 거야. 그가 가로등을 끌 때면 그 꽃이나 그 별을 잠들게 하는 거

고. 그거 굉장히 아름다운 직업이군. 아름다우니까 정말 유익한 것이지.'

그 별에 다가가자 그는 가로등 켜는 사람에게 공손하게 인사했다.

"안녕, 아저씨. 왜 가로등을 지금 막 껐어?"

"안녕, 그건 명령이야."

가로등 켜는 사람이 대답했다.

"명령이 뭐야?"

"내 가로등을 끄는 거지. 잘 자."

그리고 그는 다시 불을 켰다.

"그런데 왜 지금 막 가로등을 다시 켰어?"

"명령이야."

"무슨 말인지 모르겠는 걸?" 어린 왕자가 말했다.

"이해할 건 아무것도 없지. 명령은 명령이니까. 잘 자." 가로등 켜는 사람이 말했다.

그리고 가로등을 껐다. 그러고 나서는 붉은 바둑판무늬의 손수건으로 이마의 땀을 닦았다.

"난 정말 고된 직업을 가졌어. 전에는 무리가 없었는데. 아침에 불을 끄고 저녁이면 다시 켰었지. 그래서 나머지 낮에는 쉬고 나머지 밤에는 잠을 잘 수 있었거든……."

"그럼 그 후 명령이 바뀌었어?"

"명령은 바뀌지 않았으니까 그게 문제지! 이 별은 해가 갈수록 빨리 돌고 있는데 명령은 바뀌지 않았단 말이야!" 가로등 켜는 사람이 말했다.

"그래서?" 어린 왕자가 다시 물었다.

"그래서 이제는 이 별이 일 분마다 한 바퀴씩 돌기 때문에 단 일 초도 쉴 새가 없는 거야. 일 분마다 한 번씩 껐다가 켰다가 해야 하는 거지."

"그거 참 이상하네! 아저씨네 별에선 하루가 일 분이라니!"

"조금도 이상할 것 없지. 우리가 이야기를 시작한 지가 벌써 한 달이 되었단다." 가로등 켜는 사람이 말했다.

"한 달?"

"그래. 삼십 분이니까, 삼십 일이지! 잘 자."

그리고 그는 다시 가로등을 켰다.

어린 왕자는 그를 바라보았다. 명령에 그토록 충실한, 그 가로등 켜는 사람이 좋아졌다. 의자를 뒤로 물리면서 해 지는 광경을 보고 싶어 하던 지난 일이 생각났다. 그 친구를 도와주고 싶었다.

"저 말이야……쉬고 싶을 때 쉴 수 있는 방법이 있어."

"그야 언제나 쉬고 싶지." 가로등 켜는 사람이 말했다.

사람은 누구나 성실하면서도 또 한편 게으름부리고 싶을 수 있는 것이다. 어린 왕자는 말을 계속했다.

"아저씨 별은 아주 작으니까 세 발자국만 옮겨놓으면 한 바퀴 돌 수 있잖아. 언제나 햇빛 속에 있으려면 천천히 걸어가기만 하면 되는 거야. 쉬고 싶을 때면 걸어가도록 해. 그럼 하루 해가 원하는 만큼 길어질 수 있을 거야."

"그건 별 도움이 되지 못하겠는걸. 내가 무엇보다 좋아하는 건 잠을 자는 거니까." 가로등 켜는 사람이 말했다.

"그거 유감인데." 어린 왕자가 말했다.

"유감이야. 잘자." 가로등 켜는 사람이 말했다.

그러고는 가로등을 껐다.

'저 사람은 다른 사람들, 왕이나 허영심 많은 사람이나 술꾼 혹은 장사꾼 같은 사람들에게 멸시받을 테지. 하지만 우스꽝스럽게 보이지 않는 사람은 저 사람뿐이야. 그건 저 사람이 자기 자신이 아닌 다른 일에 골몰하기 때문일 거야.' 더 멀리로 여행을 계속하면서 어린 왕자는 생각했다.

그는 섭섭해서 한숨을 내쉬며 이런 생각을 했다.

'내가 친구로 삼을 수 있었던 사람은 저 사람뿐이었는데, 그런데 그의 별은 너무 작아. 두 사람이 있을 자리가 없거든.' 그가 축복받은 별을 잊지 못하는 것은 스물네 시간 동안에 일천사백사십 번이나 해가 지기 때문이었는데, 그것은 어린 왕자가 차마 스스로에게도 고백하지 못하는 것이었다.

———

▲ ▲ ▲

모두를 위한 일을 하는 아무것도 아닌 사람

내게 이 장은 개인적으로 많이 슬프게 느껴지는 장이다. 백성, 서민, 대중이라는 전근대, 근대 규정부터 민중, 프롤레타리아라는 진보 정치적 규정에 이르기까지 개념이야 어찌되었든 현실에서 가장 힘없고 가장 시달리는 많은 사람들에 대한 장이기 때문이다. 근대의 특정 정치 이념에서는 이들을 역사 변혁의 주체로 보기도 했고, 그렇지 않다 해도 이들을 위한다는 명분은 현대 정치 모든 정파의 상투적 구호이기도 하다. 그러나 슬프게도 수많은 역사적 환상과는 달리 냉엄한 현실은 이들에게 자신과 현실에 대한 변혁 동력이 없다는 것을 전환기마다 보여주곤 했다. 가장 많은 희생을 당하고도 가장 무기력한 보통 군상들의 초상화가 이 장의 등대지기다.

어린 왕자는 등대지기가 앞의 모든 인물들보다 덜 어리석을 것이라 생각했다. 왜냐하면 그의 일은 여느 인물들과는 달리 자신을 위한 것이 아니라 모두를 위한 일이었기 때문이다. 가로등은 별이나 꽃처럼 사람의 마음을 밝히는 일의 상징이다. 그것을 켜고 끄는 일을 하는 사람은, 그 일이 아름다운 만큼 유익한 것이어서 어린 왕자의 마음을 부풀게 했다. 그러나 등대지기 일에 대한 첫 물음에 돌아온 답은 '그건 명령'이라는 것이었다.

명령에 대한 이행 의무감에는 여러 종류가 있다. 그 명령의 발신자는 때로 신일 수도 있고 때로 이념이나 권력일 수도 있다. 온갖 종류의 금기와 계율, 제도, 법률이 하나같이 다 명령이다. 나아가 사회적으로 묵인된 '~다움'이라는 모든 것들, 남자다움, 학생다움, 선생다움, 시민다움, 가장다움이 모두 사회적 명령의 내면화다. 등대지기의 의무감은 이 모든 것을 포함하겠지만 좀더 세속적이고 현실적으로 보자면 '생계에 쫓기는 의식', 생존본능에 충실하고 이른바 일상상규日常常規라는 성실성을 생활 최고의 미덕으로 믿고 사는 대중적 직업 의식 아니겠는가. '먹고사는 일'에 대한 절박함과 어리숙한 성실성의 결합은 극도의 기계적 삶을 아무 스스럼없이 받아들이게 한다. 여기에는 물론 당사자로서는 의심해볼 수 없는 권위로 신과 국가, 그 외 훌륭한 사람들의 훈육이 배경에 깔려 있다. 그래서 그는 말한다. "이해할 건 아무것도 없지. 명령은 명령이니까."

가장 낮은 곳에 있는 사람들의 일은 이 사회를 떠받치는 가장 필수적이고 공적인 일들이며, 가장 보상받지 못하는 일들이기도 하다. 보이지 않는 곳에서 사회의 온갖 궂은일들을 도맡아 하는 것이 이들 몫이다. 어린 왕자가 등대지기를 경멸하지 않았던 이유도 바로 이 때문이었다. 그러나 다른 이유로 어린 왕자는 끝내 등대지기를 친구로 사귈 수 없었다.

그는 사정은 바뀌었는데 명령은 바뀌지 않아 너무 빨리 일을 하고 쉴 틈이 없다고 푸념한다. 아마도 이 푸념은 그의 몸이 부숴질 때까지 계속될 것이다. 기계에 맞추어 일해야 하는 현대의 노동자들이 인간 심신이 견딜 수 있는 극한까지 올라가는 노동강도를 맞게 될 것이라는 점은 논리적으로 분명했고 현실적으로 이미 실현되었지 않은가.

빨라진 지구, 지체된 삶

그가 말하는 사정의 변화는 별 회전 속도의 증대다. 물신 숭배 사회는 그 숭배의 실현 방법에 있어 속도와 효율 숭배 사회이기도 하다. 자본주의가 발전한다는 것은 기계의 복잡도, 자동화가 높아지고 단위 시간당 일 처리 속도가 높아진다는 것에 다름 아니다. 이 현상을 두고 계몽주의자들은 '기계의 발달이 일 처리 속도를 높여 인간 삶의 여유를 가져다줄 것'이라는 장밋빛 환상을 꿈꾸었다. 그러나 이 환상은 이것을 꿈꾸었던 이들의 기대보다 더 현란한 발달이 이루어지고 난 지금도 이루어지지 않았다. 산업자본주의 초기의 탄광 노동자들이 직관적으로 알았던 것처럼, 실제 벌어지는 일은 기계의 발달에 따른 '실업'이다. 고도화된 기계는 사람의 손이 갈 일을 대신한다. 그에 따라 자본주의 발달에는 산업예비군의 증대가 필수다. 넘쳐나는 산업 잉여 인력은 소비자본주의의 도래와 함께 한동안 '서비스 산업'이라 불리는 비생산적이지만 가치실현에 필수적인 영역으로 이전된다. 그러나 이마저 포화 상태에 이르고 나면 상시적 실업군의 증대는 면할 길이 없다. 현실에서 벌어지는 일은 실업자의 여가와 남은 자들의 노동강도 증대다. 다행히 일자리를 유지한 남은 이들의 복잡하고 빠른 기계에 대한 적응은 더 많은 주의 집중과 더 고된 심신 고갈을 요한다.

이 단순하고 명료한 역사적 과정에서 아무것도 배우지 못한 이들은 오늘날 정보통신산업의 발달을 두고도 동일한 담론을 반복한다. 컴퓨터의 발달이 여가로 이어진다는 전망들 말이다. 분명한 사실은 단위 시간당 일 처리 속도가 늘어난다는 것이다. 그 분명한 사실로부터 시간당 임금을 지불해야 하는 고용주의 입장에서는 사람을 더 많이 고용할 필요가 없다는 사실도 함께 나오며, 소수의 적응자들은 더욱 기계적이 된다는 사실도 함께 나온다. 기계의 발달은 일의 효율을 올림으로써 삶의 효율을 떨어뜨린다. 인간들은 더 바빠지고 더 가난해진다. 이윤창출 과정의 효율은 특정인의 이득일 뿐 노동 과정에 참가하는 이들의 삶의 효율은 아니다.

물론 현실 자본주의는 이 문제를 '비정규직'이라는 또 다른 유연성, 혹은 잔꾀로 임기응변하고 있기는 하다. 정규직 한 명의 일거리를 서너 명에게 나눔으로써 완전 실업자가 되어 사회 위험 세력이 될 빈곤층의 처지를 조절하고 있는 것이다. 사람은 애써도 생계가 안 될 지경에서는 사회를 바꾸려 들지만 생계가 붙어 있는 한에서는 그 최소한의 생계를 놓치지 않는 데 온 정성을 기울이게 된다. 그래서 결국 사회의 평균 임금은 최저생계비 수준으로 냉정하게 수렴된다. 생계에 쫓긴 사람들은 더욱더 무의식적이 되고 한눈도 팔 수 없다. 잠깐의 방심이 생계 상실로 이어질 것이라는 위기의식은 인생의 다른 모든 면들을 외면하게 만든다. 오죽하면 초등학생의 장래 희망란에 '정규직'이 등장했을까.

작은 별, 깊은 잠

나는 가끔 이 사회를 지탱하는 것은 신도 아니고 이념도 아니고 그렇다고 탐욕이라고 할 수도 없는 유령 같은 '주의'라고 말한다. 우스갯소리로 그 주의는 '먹고사니즘'다. 이 의식을 내세워 얼마나 많은 무지와 비참이, 억지와 나태가 정당화되어 왔는가. '먹고사느라고 바빠서'라는 변명보다 더 만병통치의 변명은 우리 시대에 없다. 그 세목을 나열하는 것은 무의미할 것이다. 생존의 당위와 그에 성실한 삶에 대한 맹목적 정당화만 가진 등대지기는 존재적으로는 만인을 위한 일을 하는 사람이지만 의식적으로는 기계 그 자체다. 그래서 일상에서는 오히려 저소득층이 그 사회 명령권자로 보여지는 보수 기득권 정당을 지지하는 이른바 '달동네 우파' 현상이 만연한 것이다. 그를 도와주고 싶은 마음이 든 어린 왕자가 말했다.

"언제나 햇빛 속에 있으려면 천천히 걸어가기만 하면 되는 거야. 쉬고 싶을 때면 걸어가도록 해. 그럼 하루 해가 원하는 만큼 길어질 수 있을 거야."

햇빛 속에 있다는 것은 삶에 대한 명철한 자각 속에 산다는 말일 터이다. 천천히 걸어간다는 것은 이 현대의 효율 숭배 속도전에 말려들지 않는 인생을 말하는 것이다. 그 거리 두기에서 오는 존재의 자각이 그를 쉬게 해줄 수 있다는 어린 왕자의 말에는 진심이 담겨 있다. 그러나 등대지기에게는 통하지 않는다. 그가 원하는 것은 '잠'이기 때문이다. '깊은 잠'. 어떤 자각이 그의 인생을 밝혀줄 것이라는 일말의 기대가 없다는 말이다. 그 역시 이 고통스러운 현실을 잊고 싶어 한다. 그래서 그에게는 여러 종류의 수면제가 사회적으로 제공된다. 그의 여가는 사람을 잠재우는 온갖 일상 오락으로 채워진다. 다만 그는 술꾼처럼, 장사꾼처럼 도망가지 않고 묵묵히 현실을 견디어낸다. 그러나 그 인내는 보상받지 못한다.

'저 사람은 다른 사람들, 왕이나 허영심 많은 사람이나 술꾼 혹은 장사꾼 같은 사람들에게 멸시받을 테지. 하지만 우스꽝스럽게 보이지 않는 사람은 저 사람뿐이야. 그건 저 사람이 자기 자신이 아닌 다른 일(=모두를 위한 일)에 골몰하기 때문일 거야.'

멸시 속에서 현실을 받치며 견디어내는 많은 사람들. 인류 역사에서 이들에 대한 연민과 기대가 얼마나 교차되었던가. 그러나 그들을 위해서건 그들에 의해서건 이루어진 실제 전환과 전진은 없었다. 그 이유를 어린 왕자는 가슴 아프게 되새긴다.

'내가 친구로 삼을 수 있었던 사람은 저 사람뿐이었는데, 그런데 그의 별은 너무 작아. 두 사람이 있을 자리가 없거든.'

오직 자신의 생계만이 자신의 세상인 사람들. 그래서 최소한의 관계와 정신적 여유가 없는 사람들은 비록 그것이 모두 스스로를 탓할 수 없는 이유 때문이라고 해도 결코 추구될 만한 삶의 모델이 될 수는 없는 법이다. 그러나 어린 왕자가 떠돈 모든 별 위에서 오직 등대지기만이 우스꽝스럽지 않았다는 사실도 잊어서는 안 되는 진실이다.

CHAPTER 15

방랑자 6
― 앎과 삶의 분리로서의 학문

여섯 번째 별은 먼젓번 별보다 열 배나 더 큰 별이었다. 그 별에는 무지하게 커다란 책을 쓰고 있는 늙은 신사 한 분이 살고 있었다. "야! 탐험가가 하나 오는군!" 어린 왕자를 보며 그가 큰소리로 외쳤다. 어린 왕자는 책상 위에 걸터앉아 조금 가쁜 숨을 몰아쉬었다. 벌써 몹시도 긴 여행을 했던 것이다.

"어디서 오는 거냐?" 그 노인이 물었다.

"이 두꺼운 책은 뭐예요? 여기서 뭘 하시는 거지요?" 어린 왕자가 물었다.

"난 지리학자란다." 노인이 말했다.

"지리학자가 뭐예요?"

"바다와 강과 도시와 산, 그리고 사막이 어디에 있는지를 아

는 사람이지."

"그거 참 재미있네요. 그거야말로 직업다운 직업이로군요!"

어린 왕자는 그렇게 말하고, 지리학자의 별을 한번 둘러보았다. 그처럼 멋진 별을 그는 본 적이 없었다.

"할아버지 별은 참 아름답군요. 넓은 바다도 있나요?"

"난 몰라." 지리학자가 대답했다.

"그래요? 그럼 산은요?" 어린 왕자는 실망했다.

"난 몰라." 지리학자가 말했다.

"그럼 도시와 강과 사막은요?"

"그것도 알 수 없다."

"할아버지는 지리학자 아녜요?"

"그렇지. 하지만 난 탐험가가 아니거든. 내겐 탐험가가 절대적으로 부족하단다. 도시와 강과 산, 바다와 태양과 사막을 세러 다니는 건 지리학자가 하는 일이 아냐. 지리학자는 아주 중요한 사람이니까 한가로이 돌아다닐 수가 없지. 서재를 떠날 수가 없어. 서재에서 탐험가들을 만나는 거지. 그들에게 여러 가지 질문을 하여 그들의 기억을 기록하는 거야. 탐험가의 기억 중에 매우 흥미로운 게 있으면 지리학자는 그 사람의 정신 상태를 조사시키지."

"그건 왜요?"

"탐험가가 거짓말을 하면 지리책에 커다란 이변이 일어나게 될 테니까. 탐험가가 술을 너무 마셔도 그렇지."

"그건 왜요?" 어린 왕자가 말했다.

"왜냐하면 술에 잔뜩 취한 사람에겐 모든 게 둘로 보이거든. 그렇게 되면 지리학자는 산 하나밖에 없는 데다 산 둘을 기록하게 될지도 모르잖아."

"나도 나쁜 탐험가가 될 만한 사람을 한 명 알고 있어요." 어린 왕자가 말했다.

"그럴 수도 있겠지. 그래서 탐험가의 정신 상태가 훌륭하다고 생각될 때는 그의 발견을 조사하지."

"직접 가보시나요?"

"아니지, 그건 너무 번잡스러우니까. 그 대신 탐험가에게 증거를 제시하라고 요구하는 거야. 가령 커다란 산을 발견했을 때는 커다란 돌멩이를 가져오라고 요구하는 거지." 지리학자는 갑자기 흥분했다.

"그런데 너는 멀리서 왔지! 너는 탐험가야! 너의 별이 어떤 별인지 이야기해줘!"

그러더니 지리학자는 노트를 펴고 연필을 깎았다. 탐험가의 이 야기를 처음에는 연필로 적었다가 그가 증거를 가져올 때까지 기다렸다가 증거를 가져오면 그제야 잉크로 적는 것이었다.

"자, 시작해볼까?" 지리학자가 물었다.

"글쎄요, 내 별은 별로 흥미로울 게 없어요. 아주 작거든요. 화 산이 셋 있어요. 둘은 불을 내뿜는 화산이고 하나는 불이 꺼진 화산이지요. 하지만 언제 어떻게 될지 모르지요."

"그래, 언제 어떻게 될지 알 수 없지." 지리학자가 말했다.

"제겐 꽃 한 송이도 있어요."

"꽃은 기록하지 않아." 지리학자가 말했다.

"왜요? 그게 더 예쁜데요!"

"꽃들은 일시적인 존재니까."

"일시적인 존재? 그게 뭔데요?"

"지리책은 모든 책들 중 가장 귀중한 책이야. 지리책은 유행 에 뒤지는 법이 없지. 산이 위치를 바꾸는 일은 매우 드물거 든. 바닷물이 비어버리는 일도 매우 드물고. 우리는 영원한 것 들을 기록하는 거야."

"하지만 불 꺼진 화산들이 다시 깨어날 수도 있어요. 일시적 인 존재가 뭐예요?" 한번 한 질문은 평생 포기해본 적이 없는 어린 왕자가 말을 가로막았다.

"화산이 꺼져 있든 깨어 있든 우리에게는 마찬가지야. 우리에게 중요한 건 산이지. 산은 변하지 않거든."

"그런데 일시적인 존재란 뭐예요?" 한번 한 질문은 평생 포기해본 적이 없는 어린 왕자가 다시 되물었다.

"그건 멀지 않아 사라져버릴 위험에 있다는 뜻이지."

"내 꽃은 머지않은 장래에 사라져버릴 위험에 처해 있나요?"

"물론이지."

'내 꽃은 일시적인 존재야. 세상에 대항할 무기라곤 네 개의 가시밖에 없고! 그런데 나는 그 꽃을 내 별에 혼자 내버려두고 왔어!' 하고 어린 왕자는 생각했다. 그것은 후회스러운 느낌의 시작이었다. 그러나 그는 다시 용기를 냈다.

"어디를 가보는 게 좋을까요?" 어린 왕자가 물었다.

"지구라는 별로 가봐. 대단히 이름 높은 별이거든……."

그래서 어린 왕자는 그의 꽃에 대해 생각하며 또다시 길을 떠났다.

▲ ▲ ▲

보존본능으로서의 학문

지구에 오기 전 마지막 별에는 학자가 산다. 이 학자는 하염없이 탐험가를 기다리는 '이미 늙은' 존재다. 늙었다는 것은 피곤의 상징이다. 피곤한 존재는 안정을 바란다. 안정을 바라는 심리는 변화를 꺼리고 모든 것을 단순화, 추상화시키고 싶어 한다. 학문적 **개념화란 사실 현실에 대한 단순화, 추상화다.** '인간'이라는 개념은 어떤 구체적 인간도 지시하지 않고 인간 일반의 공통점만을 추상한 것이다. 그러나 그런 공통점만을 가진 인간이란 존재하지 않는다. **가설**이란 몇몇 조건 값만으로 현실을 보는 방법이다. 이는 현실의 종합성을 생략해버린다. **관찰**이란 도구의 성질에 제한된 시각일 뿐이다. 이 역시 현실을 단순화시킨다. 개념화는 곧 일반화이며 이로부터 도출되는 **명제 역시 앙상한 조건부 추정값일 뿐이다.** 현실에 의해 혹은 조건 변동에 의해 조그마한 변수만 생겨도 이 값은 엉터리가 되고 만다. 이렇듯 학문이란 근본적으로 실재를 인식하는 것이 아니라 실재를 상징적으로 인식하는 우회적 방법일 뿐이다. 그렇다 해도 현실의 실용적 필요에 따라 학문을 하는 행위는 필연일 수밖에 없다. 다만 우리가 잊지 말아야 할 것은 어디까지나 그것이 상징일 뿐이라는 간명한 사실이다. 지도는 땅이 아니며 개라는 개념은 짖지 않음에도 불구하고 실재와 상징을 뒤섞어 혼동하고 그 혼동에 확신을 부여하면 인간은 자신이 만든 망상의 세계 속에서 헤어나지 못하고 사는 셈이다.

탐험가는 '미지에 도전'하는 존재지만 학자는 '미지에서 도피'하는 존재다. 명증하고 영원한 진리를 목적으로 삼는다는 것 자체가 '미지에 대한 공포'를 전제한다. '궁극적 미지'

는 죽음이므로 '미지'는 언제나 심리적 기피의 대상이 되어 왔다. 그는 미지를 마주할 용기도 기력도 없다. **탐험과 연구의 분리는 경험과 인식의 분리를 상징한다.** 그런데 인식이라는 것은 애초에 주체—대상의 상호작용에서 성립하는 것이므로 결국 **경험과 유리된 인식은 짐작과 추측에 불과하다.** 자전거 타는 방법을 가르치는 책을 보는 것과 자전거를 타는 것은 전혀 다른 일이다. 공기의 성분을 분석하는 것과 숨을 쉬는 것은 전혀 다른 일이다. 대상과의 직접 접촉이 없으면서 안다는 것은 대상이 무엇이든 얼핏 본 그림자에 불과하다. 이른바 이성적, 학문적 앎의 근본이 이와 같다. 그럼에도 불구하고 과학과 이성의 이름으로 신을 대신한 근대 사회는 학문을 계시의 자리에 앉혀놓았다. 베버는 근대 학문의 의의를 '탈주술화'에서 찾았지만 **주술에 대한 미신이 모르고 믿는 것이라면 근대 학문 역시 이 미신적 사고에서 그리 멀지 않다.** 오늘날 우리는 과학적 언명에 대해 과거 전근대인들이 신의 계시에 대해 부여했던 신앙을 그대로 바치고 있지 않은가.

이 학자의 일상사는 탐험가의 '기억을 기록'하는 것이라고 한다. 기억은 '과거의 재구성'이다. 기억 자체에는 어떤 객관성도 없다. 단순 **사실은 반드시 주체의 관심이라는 프리즘을 거쳐 기억된다.** 전해들은 얘기를 기록하는 것은 이미 이중의 장벽을 치는 인식 행위다. **기록 역시 기록자의 심리와 이해라는 프리즘을 또 한 번 거치기 때문이다.** 이런 이유로 모든 학문은 근본적으로 현재 관점이 투사된 해석이다. 그래서 니체 같은 이들은 '학문을 예술의 눈으로, 예술을 삶의 눈으로' 보라고 권한다. 이성으로 가장하고 있지만 그 아래에는 온갖 감정과 심리적 충동이 깔려 있다는 조언이다. 학문의 이러한 성격이 가장 잘 나타나는 분야가 역사다. 역사를 과거와 현재의 대화라고는 하지만 그 대화의 주도권은 어디까지나 현실의 힘이 가지고 있다. 역사가 유달리 현재 권력에 대한 '정당화'와 깊은 관련 때문에 그것이 엄밀히 객관적 학문이 되기 힘들다는 의심을 일찍부터 받아왔지만, 오늘날에 와서는 '객관성' 그 자체가 성립할 수 없음이 여러 모로 입증되고 있다.

니체는 인간 본능을 근본적으로 '증강' 의지와 '보존' 의지 두 가지로 나눈다. 전자는 자기 초월 의지고 후자는 현상 안주와 안정 보장을 바라는 의지로 규정한다. 이에 따르면 변화에 대한 거부감이 곧 보존본능이요 이것이 집단의식으로 표출되면 모든 영웅적 노력에 대한 혐오로 나타나 '노예도덕'으로 작용한다. 이 노예도덕은 궁극적인 피난처를 찾는데, 그것이 중세에는 '유일 인격신'이었고 근대에는 이성적 '유일 진리'로 가면을 바꿔 썼을 뿐이라고 본다. 무한, 절대, 유일성을 공유하되 그 동일화 대상이 계시적 신에서 확실성의 과학적 진리로 탈바꿈했다는 주장이다. 검증의 최종 잣대 노릇을 하는 기초 학문이 이렇다면 경험적 사실을 재구성하는 데 불과한 여타 학문이 객관성을 갖는다는 것은 기대하기 힘들다. 요컨대 학문의 운명은 자신이 서 있는 존재 기반의 이해에 따른 판단이라는 의미에서 관점주의perspectivism를 벗어날 수 없다.

스스로는 증명에 무능할 수밖에 없는 학자는 오로지 전달자의 '제정신'을 기대할 뿐이다. 그래서 그의 '품행'을 조사한다고 한다. 물론 그 품행 단정의 기준은 베이컨이 말한바 시장의 우상이나 극장의 우상에 의해 정해질 것이다. 그래서 그 품행이 '술 취함'이 아닌 상태일 때 증거 채택이 된다고 한다. 세상을 있는 그대로 보지 못하는 상태가 술 취한 상태다. 이런 상태를 '전도 몽상'이라고도 한다. 꿈꾸듯 모든 것을 뒤집어본다는 말이다. 그런데 부처님은 인간이 이 전도 몽상에서 헤어나오기 힘든 이유를 초기 설법에서 몇 가지 제시한다. 12연기설의 '취'의 단계, 즉 선별적 인식이 일어나는 이유는 탐욕, 자의식, 계율과 금기, 편향된 가치관 때문이라고 한다. 이 말이 맞다면 전도 몽상을 면할 수 있는 이는 '깨달은 이—붓다'여야 할 것이다. 탐험가가 붓다이기를 바라는 것은 불가능하지는 않다고 해도 아주 드문 일일 것이다. 실상이 그러함에도 불구하고 학자는 형식적 신중을 통해 자기 위안을 삼는다. 그래서 처음에는 연필로 적어두고, 즉 가설로 여기다가 증거가 제시되면 비로소 잉크로 적는다고 한다. 법칙 혹은 확증된 진리로 간주한다는 말이다. 사실 가설

과 법칙 사이에 놓인 증거 그 자체가 대단히 미심쩍은 것임에
도 그 자체는 검토되지 않는다.

불변 추구라는 질병

어린 왕자를 탐험가로 본 학자는 어린 왕자를 대상으로도 사
실을 수집하고자 한다. 그러나 이내 그가 생각하는 핵심이
드러난다. 그는 '일시적인 것'은 다루지 않는다고 한다. 오직
영원한 것만 그의 관심이다. 그러나 얼마나 많은 성인 현자
들이 이것이야말로 심리적으로 허무주의고 논리적으로 망상
이라고 지적해왔던가. 영원하다는 것은 시간을 초월한 것에
서만 가능하다. 시간의 초월은 운동의 초월이며 변화의 초월
이다. 그런 것은 인간 인식의 대상이 될 수 없다. 인식의 대
상이 되는 모든 것은 오직 변화 속에 있는 것들뿐이다. 변화
에 의해 분별과 지각이 가능하기 때문이다. 그러므로 '영원
불변한 진리'의 탐구라는 학문의 목적은 애초에 성립 불가능
한 망상이었다.

이 영원불변의 추구야말로 인간의 최대 질병이다. 이것이
가능하며 스스로는 이러한 진리의 품 안에 있다고 믿는 바에
의해 저질러진 갈등이 곧 인간 역사 자체라고 해도 과언이 아
니다. 모든 근본주의, 원리주의라는 극단적 형태의 사유들은

하나같이 스스로 궁극성을 선포하고 있다. 체제는 자신의 논리를 인간 보편의 가치라 선언하고 종교는 자신의 신을 유일신으로 선포한다. 그 신의 형태가 인격신이냐 아니냐는 오히려 부차적인 문제다. 학문은 법칙적 최종 이론을 지향하고 범인들조차 생애 내내(개별자에게는 이것이 영원이다) 동일한 자기 정체성을 찾아 헤맨다. 생과 멸의 반복과 유한성이라는 실상을 회피하고 싶은 인간의 맹목적 생존본능이 거대한 환상을 만들어낸 다음 그 환상에 기초한 현실을 다시 만들어낸다. **조각상을 사랑하여 기필코 신의 가호로 인간으로 변신하게 하였다는 피그말리온의 신화는 인간 집착이 만들어낸 현실의 상징일 것이다.**

유한성에 대한 철저한 자각이야말로 삶을 경건하게 만드는 지렛대요 깨달음에 이르는 징검다리다. 유한성은 유의미를 만들고 무한성은 무의미를 만든다. '지금, 여기'에 충실해야 함은 '지금, 여기'가 고유하기 때문이다. 기억에 불과한 과거와 기대에 불과한 미래, 그리고 관념이 만든 시간의 영원성에 저당 잡힌 인생은 존재하지 않는 영원한 이상을 현실의 기준으로 삼고 실존하는 현재를 덧없는 것으로 치부한다. 그러나 유한성을 자각하는 이는 현실을 실존으로 보고 이상을 덧없음으로 자각한다. 과거는 집착을 낳고 미래는 환상적 기대를 낳는다. 이로부터 온갖 기계적 반응과 무지, 두려움과 공포, 죄책감과 좌절, 복수심과 보상 심리들이 따라 나온다. 과거 – 미래 – 영원의 인과성으로 이미지화된 무한성 가정은 인간의 마음을 기계적으로 반복 누적된 생존 본능에 묶어버린다. 동물로부터 물려받은 회피 – 투쟁의 택일적 행동 기준이 유일한 것으로 집착되는 순간 미래는 욕망의 투사를 면치 못하며 영원의 의미는 영원히 묻혀버리고 만다.

이성과 종교의 공통점

어린 왕자는 '불 꺼진 화산도 다시 살아날 수 있다'고 항변한다. 그러나 그의 항변에 학자는 그들에게 중요한 것은 화산이 아니고 산이라고 답한다. 화산이 산의 현상과 활동이라면 산은 그 활동 배후의 본질과 배후 원인자로 가정되고 있다. 학문은 언제나 본질/배후 원인자를 찾는다. 물론 그러한 원인자는 존재하지 않는다. 불변의 배후 원인자는 사고 습관이 만들어낸 오류에 불과하고 존재하는 것은 언제나 드러난 활동 자체일 뿐이다. 우리는 일상생활에서 '번개가 친다'거나 '춤꾼이 춤을 춘다'는 표현을 사용하고 이 표현 자체는 문장 구조상 주어 – 술어 관계에서 시간적 선 – 후 관계가 전제되어 행위자 – 행위를 원인 – 결과로 인식하도록 유도한다. 그러나 '번개'라는 별개의 실체가 '치는 행위'의 배후에 있는 것이 아니다. 마찬가지로 '춤꾼'이 '춤'에 앞서 존재할 수도 없다. '비가 내린다'는 문장은 아무 문제없어 보이지만 '비'라는 개념 속에 이미 '내리는 속성'이 갖추어져 있으므로 이 문장은 전형적인 논리의 중복 오류다. '나는 생각한다, 고로 존재한다'는 데카르트의 언명은 '나'를 말하는 순간 이미 존재가 전제되었으므로 악무한적 순환 논리에 지나지 않는다. 우리의 지각은 필요조건을 원인으로 혼동하고 일시적 연속을 인과관계로 혼동한다. 거기에 더해 언어가 가지는 필연적 한계로 분리 불가능한 과정에 대한 분리 구별은 결정적으로 의식을 이분법의 착각 속으로 몰아넣는다. 주어와 술어로 나누어진 두 개의 실체는 현실에서 존재하지 않는다. 예이츠가 노래했듯 우리는 춤에서 춤꾼을 떼어놓을 수 없다. 그리하여 세계는 몽롱한 가상의 세계가 된다. 이 가상을 진실로 알고 거기에 감정적 집착을 더해 에고의 권리 주장이 나타나기 시작하면 학문은 이성적 형태를 가장한 주술적 신앙의 대용이 되고 만다.

그러므로 근대 학문은 잘 포장된 신앙이요 전근대적 심리의 이란성 쌍둥이였다. 어린 왕자는 욕망의 충족에서도 지성의 충족에서도 답을 얻을 수 없었다. 결국 우리의 이성과 감성이라는 차원은 마음의 고향이 될 수 없다는 의미다. 붓다는 인간의 깨달음에 큰 장애가 '번뇌장'과 '소지장'이라고 한다. 이것이 **감정과 지식**, 감성과 이성을 의미하는 것이다. 이 차원에서는 그 어떤 탐구도 원점으로 되돌아가고 만다.

나는 무엇인가? 어디에서 왔고 어디로 가는가? 무엇을 왜 바라는가? 무엇이 더 이상 갈증 없는 기쁨을 얻는 길인가? 모든 정체성과 가치 지향의 바닥에 깔린 이 문제들을 들고 어린 왕자는 여행의 마지막 별, 지구로 향한다. 여섯 개의 별은 어린 왕자에게 **무엇이 답인지 알려주지는 않았지만 무엇이 의지해서는 안 되는 오류인지를 알려주었다.** 그리하여 존재를 건 최후의 시도가 시작된다.

THE LITTLE PRINCE

PART
3

'자아'라는
감옥

THE LITTLE PRINCE

CHAPTER 16

생명의 별 지구

일곱 번째 별은 그래서 지구였다.

지구는 그저 그렇고 그런 보통 별이 아니었다! 그곳에는 111명의 왕(물론 흑인 나라의 왕을 포함해서)과 7000명의 지리학자와 90만 명의 장사꾼, 750만 명의 술주정뱅이, 3억 1100만 명의 허영심 많은 사람들, 즉 약 20억쯤 되는 어른들이 살고 있었다.

전기가 발명되기 전까지는 여섯 대륙을 통틀어 46만 2511명이나 되는 가로등 켜는 사람들을 두어야 했다는 이야기를 들으면 여러분은 지구가 얼마나 큰지 짐작이 갈 것이다.

그래서 좀 멀리 떨어진 곳에서 보면 눈부시게 멋진 광경이 벌어지는 것이었다. 그들이 무리지어 움직이는 모습은 마치 오페라의 발레단처럼 질서정연한 것이었다. 맨 처음은 뉴질랜

드와 오스트레일리아의 가로등 켜는 사람들의 차례였다. 가로등을 켜고 나면 그들은 잠을 자러 갔다. 그러고 나면 중국과 시베리아의 가로등 켜는 사람들이 발레 무대에 나타났다. 그들 역시 무대 뒤로 사라지면 러시아와 인도의 가로등 켜는 사람들이 나타나는 것이었다. 그 다음번에는 아프리카와 유럽의 가로등 켜는 사람들, 또 그 다음에는 남아메리카의 가로등 켜는 사람들, 또 그다음에는 북아메리카의 가로등 켜는 사람들이 차례로 나타났다. 그런데 그들은 무대에 나타나는 순서를 한번도 엇갈리는 법이 없었다. 그것은 무척 장엄한 광경이었다.

오직 북극의 단 하나밖에 없는 가로등 켜는 사람과 북극에 있는 그의 동료들만이 한가롭고 태평스러운 생활을 하고 있었다. 그들은 일 년에 두 번 일을 했다.

▲ ▲ ▲

왜 일곱 번째 별인가?

7이라는 숫자가 가지는 가장 일반적 의미는 '행운'이다. 서양에서 천지창조의 6일 뒤 가진 안식일이라는 의미 부여가 더해진 결과일 게다. 천지창조는 새로운 세계의 열림을 뜻한다. 아마도 어린 왕자는 이 지구별에서 새로운 세계를 열지도 모른다. 우리가 알고 있는 모든 시간의 변화는 주기순환성을 띠고 있다. 낮밤의 교차인 하루, 그믐달과 보름달의 교차인 한 달, 계절의 교차인 일 년이 모두 그렇다. 이 모두는 변화의 주기이면서 동시에 지구와 달과 해 사이의 자전, 공전의 주기이기도 하다. 그러나 일주일은 이런 천체 회전과는 관련이 없는 유일한 주기다. 그것은 해와 달을 포함해 지구별에 영향을 주는 다섯 개의 별(목화토금수─동양에서 오행)의 영향에 대한 믿음에서 발생한 것이다. 어린 왕자가 일곱 번째 지구에 왔다는 사실은 장차 새로운 세계가 열릴 것이며 그것은 보이지 않게 작용하는 우주의 작용력─그것이 자연이라 불리든 신이라 불리든─의 창조일 것이라는 상징이다. 새로운 세계, 새로운 생명의 탄생. 우리는 이것을 진화라 부른다.

창발적 진화

진화의 특징은 창발성, '불시에 솟아나는 특성emergent property' 또는 이머전스emergence에 있다. 이는 하위계층(구성 요소)에는 없는 특성이나 행동이 상위계층(전체 구조)에서 자발적으로 돌연히 출현하는 현상을 말한다. H_2O라는 분자가 모아지면 물의 액체적인 현상이 나타나는데, 그것은 창발적이다. 단백질 분자는 생명체가 아니지만 그들의 집합체는 생명체가 되는

데, 이 역시 창발적이다. 그러므로 요소의 합은 수학, 물리적 결합이 아니며 언제나 전체는 부분의 합보다 다양하고 큰 기능을 발휘한다. 그래서 우리가 '정상 과학'이라 부르는 모든 대상을 요소로 환원하여 분석하는 뉴턴적 기계적 세계관이 창발성을 내포하는 복잡계를 설명할 수 없는 것이다. 인간을 보기로 든다면 백수십억 개의 신경세포의 조직망의 상호작용에서 '마음'이 창발한다. 대중이 모이면 개인에게서의 신경세포처럼 사회적 집합의식으로 문화가 창발한다. 개인의 건전한 신경세포가 그 사람의 마음을 결정하고 또한 개인과 개인의 얽힘으로 사회의 마음이 창발한다. 이 신비가 인류사를 관통하고 있다.

이러한 창발적 진화는 이전 단계를 모두 포함하면서 그 합 이상의 기능을 출현시킨다. 그런 의미에서 이전 단계 성질의 포함과 새로운 단계로의 초월이 함께 일어난다. 지구가 왜 비범한 별일 수밖에 없는가? 여기에는 왕과 학자와 장사꾼, 주정뱅이 등등 여섯 개 별에 살았던 군상들이 모두 우글우글 모여 살고 있는 것이다! 먹이사슬 피라미드처럼 서로 의지하고 이어지며 아수라장과 천국 같은 장면을 동시에 연출한다. 진화의 조건이 들끓고 있는 곳이다. 비단 지구만이 아니라 한 인간의 내면에도 우리는 여섯 개 별의 이상한 어른들을 모두 지니고 산다. 욕망의 가면은 천변만화하고 모든 인간들은 하루에도 이 모든 상태를 알든 모르든 순간순간 경험하며 살고 있다. 동물적 수준의 식욕, 성욕은 물론 인간이기에 가지는 심리적 결핍과 권태로부터 오는 온갖 욕망, 문득 느껴지는 초탈한 듯한 세상과의 일체감까지. 그런 점에서 인간의 의식은 분명 진화를 향해 움직인다. 그것은 개인의 자유의지와는 다른 차원, '오페라의 발레단처럼 질서정연하게' 위무위爲無爲적으로 자연적, 신적으로 어김없이 진행된다. 그것이 인간을 동물에서 여기까지, 그러나 아직은 여기까지밖에 오지 못하게 한 힘이다. 욕망의 용광로인 지구, 그 지구별의 인간 마음 한가운데로 어린 왕자는 직진한다.

CHAPTER 17

고통과 해탈의 근원
— 생각

재치를 부리려다 보면 조금 거짓말을 하는 수가 있다. 가로등 켜는 사람들에 대해 내가 한 이야기는 아주 정직한 것은 못 된다. 지구를 잘 알지 못하는 사람들에게 자칫하면 지구에 대한 잘못된 생각을 가지게 할 수도 있는 이야기였다. 사람들이 지구 위에서 차지하는 자리란 실로 아주 작은 것이다. 지구에서 사는 20억의 사람들이 어떤 모임에서처럼 서로 좀 바짝바짝 붙어 서 있다면 세로 20마일 가로 20마일의 광장으로 충분할 것이다. 그들은 태평양의 아주 작은 섬 한 곳에 몰아넣을 수도 있을 것이다.

물론 어른들은 이런 말을 하면 믿지 않을 것이다. 그들은 자신들이 굉장히 많은 자리를 차지하고 있다고 생각하기 때문이다. 그러니까 여러분들은 그들에게 계산을 해보라고 일러주어야 한다. 그들은 본시 숫자를 좋아하니까. 그럼 그들은 기분 좋아할 것이다. 하지만 여러분은 그 문제를 푸느라 시간을 허비할 필요는 없다. 그것은 쓸데없는 것이다. 여러분은 내 말을 믿지 않는가.

어린 왕자는 그래서 지구에 발을 들여놓았을 때 사람이라곤 통 보이지 않는 데 놀랐다. 그가 잘못해서 다른 별로 찾아온 게 아닌가 겁이 나 있을 때, 달빛 같은 고리가 모래 속에서 움직이는 것이 보였다.

"안녕." 어린 왕자가 무턱대고 말했다.

"안녕." 뱀이 말했다.

"지금 내가 도착한 별이 무슨 별이지?" 어린 왕자가 물었다.

"지구야, 아프리카지." 뱀이 대답했다.

"그래……그럼 지구에는 사람이 하나도 없니?"

"여긴 사막이야. 사막에는 아무도 없어. 지구는 커다랗거든."
뱀이 말했다.

어린 왕자는 돌 위에 앉아 눈길을 하늘로 향했다.

"누구든 언제고 다시 자기 별을 찾아낼 수 있게 별들이 환히
불 밝혀져 있는 건지도 몰라. 내 별을 바라봐. 바로 우리들 위
에 있어. 그런데 어쩌면 저렇게 멀리 있지!"

"아름답구나. 여긴 왜 왔니?" 뱀이 물었다.

"난 어떤 꽃하고 골치 아픈 일이 있어." 어린 왕자가 말했다.

"그래!" 뱀이 대답했다.

그리고 그들은 서로 잠자코 있었다.

"사람들은 어디에 있지? 사막에선 조금 외롭구나……." 어린
왕자가 마침내 다시 입을 열었다.

"사람들 가운데서도 외롭기는 마찬가지야." 뱀이 말했다.

어린 왕자는 한참 바라보았다.

"넌 아주 재미있게 생긴 짐승이구나. 손가락처럼 가느다랗
고." 어린 왕자가 말했다.

"그래도 난 왕의 손가락보다도 힘이 더 세단다." 뱀이 말했다.

어린 왕자는 미소를 지었다.

"넌 힘이 세지 못해. 발도 없고. 여행도 할 수 없잖아."

"난 배보다 더 먼 곳으로 너를 데려다줄 수 있어." 뱀이 말했다.

뱀이 어린 왕자의 발뒤꿈치에 팔찌처럼 몸을 휘감고 나서 말했다.

"나를 건드리는 사람마다 그가 나왔던 땅으로 돌려보내 주지. 하지만 넌 순진하고 또 다른 별에서 왔으니까." 어린 왕자는 아무 대꾸도 하지 않았다.

"네가 측은해보이는구나. 무척이나 연약한 몸으로 이 돌멩이 투성이 지구에 있으니. 네 별이 몹시 그리울 때면 언제고 내가 너를 도와줄 수 있을 거야. 난……."

"응! 아주 잘 알았어. 그런데 왜 그렇게 줄곧 수수께끼 같은 말만 하니?"

"난 그 모든 걸 해결할 수 있어." 뱀이 말했다.

그러고는 그들은 침묵을 지켰다.

———

▲ ▲ ▲

지혜의 상징—뱀

어린 왕자가 지구에 와서 만난 첫 존재는 뱀이다. 뒤에서 밝혀지지만 그가 지구를 떠나 자신의 별로 귀환할 때 만나는 마지막 존재 역시 이 뱀이다. 뱀은 여우와 함께 어린 왕자가 자기 구원에 이르는 깨달음의 여정을 열고 닫는 상징이다. 역사적으로 뱀은 이중적 의미로 표상되어왔다. 기독교 문화에서는 아담과 이브를 유혹하는 사탄의 모습으로 등장한다. 그리스 신화에서 뱀은 드래곤, 즉 용으로 간주되어 영웅 탄생의 대미를 장식하는 악의 상징으로 등장한다. 반면 이집트, 인도, 황하 문명권에서 뱀은 깨달음과 신성의 상징으로 사용되기도 했다. 표면적으로 보면 서양에서는 악, 동양에서는 선이라는 이분법적 용도로 묘사된 것 같다. 그러나 실제 내용을 잘 살펴보면 동일한 성질에 대한 두 태도였을 뿐임을 알 수 있다.

에덴동산에서의 뱀—생각의 탄생, 죽음의 탄생

『창세기』 3장에 나타난 뱀은 '하나님이 지으신 짐승 중 가장 간교' 하다고 한다. 나쁜 의미에서 간교이겠지만 이 말은 곧 지혜롭다는 말이기도 하다. 뱀이 이브에게 전한 유혹의 말도 역시 지혜에 대한 것이었다. "너희가 그것을 먹는 날에는 너희 눈이 밝아져 하나님과 같이 되어"라고 말한다. 눈이 밝아진다는 것은 곧 세상에 대한 명석한 이해가 생긴다는 뜻이다. 그 이해로부터 선과 악에 대한 판단이 일어난다고 뱀은 말한다. 그런데 이에 대한 하나님의 우려가 흥미롭다. "너희가 죽을까 하노라"이다. 지혜로워져서 선악에 대한 판단이 생기면 죽는다? 언뜻 불합리해 보이는 논리지만 이 언명은 말 그대로 진리다.

앎이란 곧 사물을 분류, 추상화할 줄 아는 능력이다. 이 분류, 추상화는 필연적으로 사물을 '분별'하므로 그 자체 세상모든 것을 다른 것과 구별 분리된 것으로 인식한다. 이러한 인식에 의해 최초로 '개별자'와 '유한성'에 대한 자각이 발생한다. 세상을 분리, 구별, 개체, 유한으로 인식하는 인간은 자기 스스로에 대해서도 동일하게 인식하지 않을 수 없다. 이러한 인식이 발생하기 전의 인간은 세상 만물과 자신을 구별하지 않았고 자연의 모든 흐름과 자신을 별개로 사고하지도 않았다. 이 상태의 인간에게는 시작과 끝에 대한 사고가 없다. 모든 것이 연결되어 있는 세계에는 시종이 있을 수 없다. 사고 속에 시작과 끝의 인식이 없으므로 태어남이나 죽음에 대한 특별한 의미 부여가 발생하지 않는다. 해가 뜨고 지듯 인간도 나고 죽는 과정을 비개체적 사고 속에서 자연스러운 것으로 생각했던 것이다. 이런 과정에서는 시간에 대한 인식도 발생하지 않는다. 시간에 대한 인식 부재는 종말, 죽음에 대한 인식 부재이기도 하다.

그러므로 그는 순간을 영원과 구별하지 않는 불멸의 존재감을 가진 자다. 지금도 어린 영아는 이런 인식 단계를 통과해서 사회화된다. 어린이가 시간의 관념을 익히기까지 여러

해가 걸린다는 것은 우리 눈앞에서 언제나 확인되는 현실이다. 마찬가지로 인류의 초기 인간은 집단적으로 그러한 인식 단계에서 출발했고 이 시절이 '잃어버린 낙원'인 에덴동산의 시기였다고 볼 수 있다. 왜냐하면 인생의 모든 마음의 고통은 소멸과 죽음을 전제로 발생하기 때문이다. 그러므로 소멸 의식이 없는 단계는 심리적 고통도 있을 수 없다. 결국 인간의 의식이 사물을 분류, 추상할 수 있을 정도로 발달하지 않았다면 애초에 심적 고통도 있을 수 없었던 것이다. 그러니 인간을 지혜롭게 만들어준 그 힘이 동시에 인간을 고통의 나락으로 이끌었고 그 나락의 가장 바닥에는 '죽음'에 대한 강렬한 자각, 공포가 깔려 있다. 그 점에서 하나님의 우려는 정확하게 맞았다. 인간은 지혜로워짐으로 인해 늘 개체 유한성 및 죽음 자각과 그로부터 파생하는 온갖 고통을 짊어지게 된 것이다.

구원과 깨달음

기독교에서는 구원, 불교에서는 깨달음 혹은 견성見性이라 불리는 체험의 내용은 무엇인가? 이 모두는 최종적으로 고통으로부터 대자유를 얻은 상태를 말한다. 구원은 신성과의 합일을 내용으로 하고 깨달음은 인간 본성에 대한 이해를 내용으로 하는데, 그럼으로 인해 고통의 뿌리가 잘려진다는 것은 곧 분리, 구별 의식이 일종의 망상임을 알고 전체와의 존재적 합일성을 회복한다는 것이다.

그런데 고통은 인간 인식 자체에 내재해 있었다. 인식한다는 것 자체가 분리 구별하는 것이고 그것은 인간 진화 과정의 필연으로 나타난 것이다. 그렇다면 인간 존재에 필연적으로 주어진 것에서 발생한 고통을 초월할 방법은 인식 이상의 무엇이 있어야만 가능할 것이다. 논리적 인식 이전의 상태로 돌아가도 동일한 효과가 있겠지만 진화 과정에서 그런 퇴행은 무의미하고 불가능하다. 주술이나 약물의 기능에 기대어 일시적으로 그런 환각적 도피가 끊임없이 시도된 것은 분명한 역사적 사실이지만 망각이 초월일 수는 없다. 혹여라도 이 둘을 같은 것으로 본다면 그것은 몰라서 천진한 어린이와 초탈해서 순진성을 되찾은 성인을 같다고 보든가, 정신병자와 수행자를 같이 보는 것처럼 전단계와 초단계를 외형상 유사함으로 동일시하는 오류를 저지르는 일이다. 인식과 생각을 뛰어넘는 통찰, 언어와 숫자, 논리를 초월하는 이해, 그러면서도 인식과 논리가 가져다준 앎을 끌어안는, 진화적으로 포함하면서 초월하는 의식. 그 의식의 경험이 곧 구원이자 깨달음이다.

죽음 부정의 역사로서 문명

개체 유한자로 자신을 인식한 인간은 곧 이 유한성에 대한 부정, 즉 죽음 부정에 나선다. 왜 그런가? 애초에 인간의 원초적 본성은 자신이 무한하고 영원하며 전체라는 직관이 있기 때문이다.

그러나 일단 유한자로서의 인식이 발생한 인간은 진정한 초월을 겁낸다. 전체와의 합일, 즉 초월에는 고립 분리된 자아 감각의 '죽음'이 수반되기 때문이다. 여기에 인간 딜레마의 궁극이 있다. 개체성을 벗어버리고 싶어 하면서도 에고의 죽음을 받아들일 수 없다는 것. 그리하여 인간은 왜곡된 길을 걷는다. **에고의 확장을 통해 전체에 이르고 싶어 하는 것이다.** 에고도 살리고 전체성과의 합일도 이루는 방법은 에고를 전체에 이르기까지 무한 확대하는 방법밖에 없었다. 그래서 에고의 안전 확보와 확장이야말로 죽음 의식에 저항하는 인간 특유의 반응이 되었고 그 과정이 곧 문명의 발달로 표현되어왔다. 에고 자체가 망상의 출발점임은 잊고, 물질적이든 관념적이든 영원한 에고를 확립하려는 과정이 인간 욕망의 출발점이요 문명의 동력이었다. 이 의지는 인간의 두 가지 주요 욕동을 일으킨다. 하나는 존재의 영속화, 에로스적인 힘이고 또 하나는 그 해체, 타나토스적인 힘이다. 쾌락 지속과 고통 회피, 삶에 대한 집착과 죽음 회피 등이 모두 이 운동의 변형들이다.

그리하여 죽음 부정으로서 문명이 시작된다. 있으면 먹고 없으면 굶어도 별 심적 괴로움이 없던 채집경제 상태에서 삶의 지속이 식량의 비축에 달려 있다는 자각은 하루치 식량, 혹은 1년치 식량이 곧 그만큼의 삶의 확보라는 관점에서 이해되어 축적에 나서게 된다. 식량에 대한 집착은 **인구 증대를 낳았고,** 집단의 비대화는 **위계질서와 권력체제를 낳았다.** 더 이상 대면집단 내의 소통만으로 유지될 수 없는 대집단은 원활한 장거리 의사소통을 위해 **문자를 탄생시켰다.** 권력자의 의지를 원거리에 정확히 전달하기 위해 문자는 필수였다. 사물에 대한 기본 분류로서의 언어와 이에 대한 문자의 이용은 다시 관념적 의식 세계를 비약적으로 성장시켰고 점점 확장되는 대규모 농경의 필요와 결합해 잇따른 수학과 과학기술의 발전을 낳았다. 나아가 정신세계의 확장은 상징적이고 관념적인 피안의 세계를 체계화하기 이르러, 이로부터 **신앙과 종교의 세계가 열렸다.** 결국 인간은 물질과 관념의 축적을 에고의 확장으로 보고 기술과 재화의 무한 발전을 통해 우주적으로 확장된 에고를 충족시키고자 하는 현대까지 이르게 된 것이다.

초월의 길

외적 변화가 아닌 내적 변용의 길을 인류의 고등 종교는 '초월의 길'이라 불러왔다. 다음 그림을 보자. 커듀시어스라는 문양이 있다. 아래와 같은 모양이다.

두 마리 뱀이 교차하면서 지팡이를 올라가는 모습을 하고 있다. 교차는 음양의 원리를 의미하고 지팡이는 척추를 묘사한 것이며, 7단계는 가장 하위부터 상위까지의 차크라를 의미하는 것이다. 아래에서부터 위로 1. 음식, 2.성, 3.권력, 4.이성적 마음, 5. 공감능력, 6.심령능력, 7.영적 능력을 상징한다. 7단계 위에서는 원형으로 음양이 통일을 이루며 이원성이 사라진다. 이 문양은 의술의 상징으로도 사용되지만 고대 이집트에서는 파라오의 신격 상징이기도 했다. 이와 유사한 문양은 동서고금의 비전적 지혜 전통에서 가장 보편적으로 사용된 상징이기도 하다.

통합심리학자 켄 윌버는 자의식의 발달 단계를 물질 – 신체 – 페르소나(순응적 역할 자기) – 에고 – 켄타우로스(실존적, 통합 자기) – 혼 – 영으로 나눈다. 커듀시어스 문양 상징과 거의 일치한다. 아래에서 윗단계로 상승할수록 관계 포함의 범위는 넓어지고 단계의 폭이 중층화되어 심층성은 깊어진다.

❶ 태어난 지 얼마 되지 않은 유아의 자의식은 **물질 자기이며 생명 유지를 위한 음식에 대한 집착이 주된 욕망이다.** 집단 전체가 이런 유아 의식 상태인 문명 단계가 **태고적이라고 일컬어진다.**

❷ 다음 단계는 비로소 **신체적 자의식을 가지며 이 단계의 주된 집착은 성적이다.** 오늘날 정신분석학에서 주목하는 무의식이 형성되는 시기다. 아직 신체와 정신과의 분리가 정확히 일어나지 않아서 자신의 느낌이나 정서가 곧 세계와 주술적으로 일치되었다고 느낀다. 그래서 집단 문명으로서 이 단계를 **마법적이라고 칭한다.** 내가 슬프면 내 인형도 슬프고 달님이 나를 따라온다고 느끼는 시절이다.

❸ 다음 단계는 비로소 기초적인 **사회화가 이루어지는 단계다.** 이 단계에서는 사회적 관계의 압력과 적응을 배운다. 그래서 집착하는 욕망은 **인정욕과 권력이 되고 기본적인 '역할'을 배워 소속 집단에 순응하는 자의식이 형성된다.** 이 단계가 농경사회를 바탕으로 형성된 신화적이고 더 나아가 신학적인 사회다. 이 사회에서는 안정감, 소속감이 강조되고 **동일시 집단에 신화적 힘을 투사하는 것이 특징이다.** 개인의 성장 과정에서는 영웅과 역할 모델을 쫓아가는 시기다.

❹ 여기에 이르러 비로소 추상화, 추론, 인과적 논리를 구사하는 **이성적 자의식이 형성된다.** 여기서 집착은 무엇이든 **자아실현 욕구로 나타난다.** 개체 자의식이 강화되고 규범화된 방식으로 온갖 욕망이 정당화된다. 과학의 이름으로 인간중심적 자연 지배 문화를 만든 **합리적 근현대가 여기에 속하는 문명이다.** 대부분의 현대인들이 머물러 있는 단계이기도 하다.

❺ 자기중심주의는 우리중심주의(민족 혹은 종족주의)로 나가고 더 확장되어 글로벌한 세계중심주의라는 보편성을 추구한다. 공감능력이 신장되며 자신을 둘러싼 관계의 의미를 **맥락적 통합적으로,** 따라서 **실존적으로 이해할 수 있게 된다.** 근대적 모순에 대한 해체 시도로서 포스트모더니즘을 바탕으로 한 **다원적 탈근대주의가 새로운 시대정신이 된다.** 단지 범위에서 확장될 뿐 아니라 인종, 종교, 이념을 떠난 보편 가치의 추구라는 점에서 진정한 의미의 세계시민주의가 성장한다.

❻ 이 단계는 비형태적이며 정묘한 수준의 힘들에 대한 교감능력이 확장되고 **초언어적 논리를 이해하고 비로소 세계를 연기적,** 인드라망적 연결 유기체로 이해할 수 있게 된다. 자연과의 대립, 분열된 내적 사회적 대립을 통합할 수 있는 문화적 능력이 생겨난다. 주의할 점은 이 단계는 만물과의 실존적 연결을 느끼는 단계이기에 의식 발달 형태로만 보면 전이성적인 자연일체감과 유사해 보인다는 것이다. 그러나 신화적 단계가 가지는 일체감이 인간과 자연의 미분화 상태의 그것이라면 이 단계는 **분화+통합**이

라는 점에서 분명히 구별된다.

❼ 이 단계는 초월적 영역이다. **이원성과 인과율을 떠난 이해가** 생
겨난다. 존재의 근거나 우주심과의 합일을 경험한다. 우리가 말
하는 역사적 성인의 의식이다. 모든 종교가 바탕하고 있는 **영성
의 고향이 여기다.**

불교에서는 안이비설신 전5식이 감각을 나타내고 이성이
의식(6식)을 나타내며 고차적 마음을 7식, 원형적 마음을 아
뢰야식 8식이라 칭한다. 깨달음이란 이 전체의 마음 구조를
주시, 통찰할 수 있는 상태의 의식을 말한다. 기독교 교리 기
초를 닦은 플로티누스는 물질, 감각지각 – 쾌락/고통 심상 –
개념/논리 – 창조적 이성 – 세계혼 – 지성 – 유일자로 의식 발
달의 단계를 제시한다. 근대 인지학 창시자인 루돌프 슈타이
너는 에테르 자기 – 아스트랄체 – 감각혼 – 합리적 혼 – 의식
혼 – 영적 자기의 단계를 제시했다. 발달심리학의 창시자 마
크 볼드윈은 전논리 – 유사논리 – 논리 – 가외논리 – 초논리
적 의식 발달 단계를 제시했다. 존 겝서는 세계관의 발달사
를 태고적 – 마법적 – 신화적(전근대) – 합리적(근대) – 다원적(탈
근대) – 통합적으로 제시했다. 매슬로는 욕구 발달 단계를 생
리적 – 안정성 – 소속감 – 자기 존중 – 자아 실현 – 자아 초월로
제시했다.

이 동서고금의 통찰의 공통점은 무엇인가? 단계 설정은

달라도 우리 의식의 발달이 전자아－자아－초자아로 변해간
다는 것이다. 의식의 상승은 일체감의 범위 확대로 나타나며
그 끝은 일종의 우주심이다. 각 단계는 그 단계 고유의 심적
발달과 병리를 동시에 포함하며 진화를 거듭할수록 아래 단
계를 포함하며 초월하는 방식으로 진행된다. 이것은 마치 물
질의 진화가, 분자가 원자를 내포하며 세포가 분자를 내포하
며 식물이 세포를 내포하고 파충류－포유류 식으로 올라가
는 것과 동일하다. 물질과 정신에서 나타나는 진화적 패턴은
집단 심리로서의 세계관과 사회 체제에도 적용될 수 있다.
그래서 오늘날 우리는 **'생태적 공감의 시대'와 '글로벌 사
회'를 동시에 전망하고 있는 것이다.** 인류의 모든 위대한 종
교와 학문적 가르침, 비전적 지혜와 수행 전통들은 분명하게
동일한 어느 지점, 인간의 영적 성장 방향을 가리키고 있다.

참고

위 발달 단계의 이해에서 주의할 점들이 몇 있다. 첫째, 각 단계
는 전 단계를 단순히 극복하는 것이 아니라 충분히 포함하면서
통합하며 진행된다는 것이다. 진화란 곧 복잡성의 증대인데, 복잡
성은 분화와 통합을 전제하지 않으면 기능 장애를 일으키고 만다.
그것이 개인의 수준에서 발생하면 정신 병리가 되고 사회 수준에
서라면 구조 갈등이 될 것이다.

둘째, 위 모든 단계는 시대적, 지역적, 개인적으로 불균등 발달한

다. 그래서 동 시대에 모든 단계가 존재하며 한 문화권이나 지역에서도 집착되어 있는 중심 자의식이 다양하게 분포될 수밖에 없다. 다만 중심적인 평균양식은 있다. 그래서 동시대에도 가장 낮은 수준과 가장 높은 수준이 공존한다. 하여, 어느 단계의 사회에서도 불가해한 고도의 과학적 논리와 초월적 영성의 체현자가 나타나는 것이다. 수천 년전 차축 시대에 나타난 고도의 영성을 갖춘 성인, 현자들의 출현은 단지 개인적인 탁월한 능력이 아니라 우주의 존재 방식이다.

셋째, 위의 발달 단계는 이미 나타난 전근대 종교의 '존재의 대사슬'과 비슷한데, 어째서 종교가 인간을 구원하기는커녕 이성과 과학으로 대체되고 갈등의 진원지가 되고 있는가 하는 의문이 들 수 있다. 존재의 대사슬—사물, 신체, 마음, 혼, 영에 이르기까지 서로 엮어 짠 여러 수준들로 이루어진 세계라는 의식은 동서양 종교에서 공통적으로 발견된다—의 아이디어는 그 자체로 성인, 현자들의 발견이었지만 종교의 대중화와 교리는 언제나 시대적 평균양식 수준으로 수렴되고 만다. 따라서 전근대적, 신화-신학적 세계관에서는 그 시대 발달 단계에 따른 해석이 지배적 해석이 될 수밖에 없고 오늘날 종교는 딱 이 수준에서 세속적으로 이해되어버렸다. 그래서 이성과 과학은 종교를 유아적, 전관습적 수준이라 비하하고 종교는 근본주의적, 감성적 수준에서 과학을 비난하는 처지가 되고 말았다. 물론 빅뱅을 창조론의 근거로 주장하는 경우나 자연법칙을 지적 설계론으로 해석하는 경우처럼 과학 어린 왕자는 꽃과의 불화로 여기까지 왔다. 그 꽃이야말로 태초의 공한 마음에서 처음 일어난 분리 의식이었다. 그것의 이름은 때로 희망이라고도 불리고 욕망이라고도 불린다. 집착이라고도 불리고 업이라고도 불린다. 어린 왕자는 이 의식의 분화에 무지했던 것이다. 그 무지는 다시 갈애와 편애를 낳고 스스로 알 수 없는 고통의 윤회를 시작했다. 뱀은 '지혜'의 상징이다. 그는 가늘고 보일동말동한 존재지만 '왕의 손가락보다 힘이 세다'. 그로부터 욕동이 시작되었고 그 끝에서 초월이 일어난다. 명령하는 왕의 손가락은 이 세상에 존재하는 억압적 힘(= force)의 상징이다. 그러나 지혜는 아무런 억압 없이도 존재 변화를 일으키는 섭리적 영향력(= power)을 발휘한다. 억압으로서의 힘은 언제나 미봉책에 불과하고 이분법적 적을 필요로 하지만 섭리적 영향은 그 자체로 이미 완전하게 존재한다. 그런 사실을 모르는 어린 왕자는 "넌 힘이 세지 못해. 발도 없고. 여행도 할 수 없잖아"라고 말하지만 그에 대한 뱀의 답변은 "난 배보다 더 먼 곳으로 너를 데려다 줄 수 있어"이며 "나를 건드리는 사람마다 그가 나왔던 땅으로 돌려보내 주지"이며 "'난 그 모든 걸 해결할 수 있어"이다. 지혜가 우리 내면을 비출 때 우리는 존재의 근원적 의문을 해결했다는 의미에서 '전지전능감'에 이르게 된다. 그 세계는 어떤 배보다 존재를 멀리 밀어올리고 그 곳은 곧 우리의 고향이다. 고향에 돌아간 사람은 '모든 것'을 해결한다. 전지全知란 지식知識이 아니다. 그 지식을 갈구했던 마음의 움직임을 뿌리에서부터 아는 것이다. 그리하여 어린 왕자는 이 생명의 별 지구에서 어떤 초월적 깨달음을 얻을 때, 뱀을 다시 만나게 될 운명임을 이 장은 암시한다.

CHAPTER 18

사막의 꽃

어린 왕자는 사막을 횡단했는데 오직 꽃 한 송이를 만났을 뿐이었다.

석 장의 꽃잎을 가진 볼품이라곤 하나도 없는 꽃이었다.

"안녕." 어린 왕자가 말했다.

"안녕." 꽃이 말했다.

"사람들은 어디에 있지?" 어린 왕자가 정중하게 물었다.

그 꽃은 언젠가 여행자단의 무리가 지나가는 것을 본 적이 있었다.

"사람들이라구? 한 예닐곱 사람 있는 것 같아. 몇 해 전에 그들을 본 적이 있어. 하지만 그들이 지금 어디 있는지는 알 수 없는 노릇이야. 그들은 바람결에 불려다니거든. 뿌리가 없어서 몹시 어렵게들 살고 있어."

"안녕." 어린 왕자가 말했다.

"안녕." 꽃이 말했다.

———

▲ ▲ ▲

뱀과의 만남 이후 만난 첫 존재는 연약한 꽃이다. 인간에게 인식 능력이 주어지고 가장 먼저 벌어지는 일은 자신만의 에로스를 품는 일이다. 어린 왕자가 떠나온 별에서도 같은 일이 있었지 않은가!

그러나 이 꽃이 아무리 아름답다 해도 아직은 '뿌리가 없어 몹시 힘든 사람들'과 같이 볼품없고 희망 없는 꽃일 뿐이다. 희망, 행복, 쾌락, 열정, 기대, 목적, 신념과 신앙. 그것이 무엇으로 불리든 애초에 그것이 어디서 와서 무엇을 향하는지 알 수 없는 상태에서 꽃은 곧 양에게 먹히든지 바오밥나무가 될지도 모른다. 간단히 소멸되든 괴물이 되든 어느 쪽도 인간의 불안을 위로해주기는커녕 더 큰 고통의 예비물일 뿐이다. 우리가 왔던 고향으로 돌아가는 여정을 안다는 것은 '존재의 대사슬'을 안다는 것이고 진화와 창조의 신비를 안다는 것이다. 그리하여 생기고 사라지는 모든 것들이 하나의 큰 생명 속에서 벌어지는 영원한 과정이라는 전일적 세계의식에 닿는 것이다. 그 전까지, 감각과 논리의 눈 이상의 영혼의 눈을 얻지 못한 인간의 고달픈 불안은 끝나지 않는다. 뿌리가 없어 고달픈 인생!

메마르고 뾰족하고 험한 세상

어린 왕자는 어떤 높은 산 위로 올라갔다. 그가 아는 산이라곤 그의 무릎 높이밖에 안 되는 세 개의 화산이 고작이었다. 불

꺼진 화산은 걸상으로 이용하곤 했었다. '이 산처럼 높은 산에서는 이 별과 사람들 모두를 한눈에 볼 수 있을 거야.'

그러나 바늘 끝처럼 뾰족뾰족한 산봉우리만 보일 뿐이었다.

"안녕." 어린 왕자가 혹시나 하고 말해보았다.

"안녕······안녕······안녕······." 메아리가 대답했다.

"너는 누구지?" 어린 왕자가 말했다.

"너는 누구지······너는 누구지······너는 누구지······." 메아리가 똑같이 대답했다.

"내 친구가 되어줘. 나는 외로워." 어린 왕자가 말했다.

"나는 외로워······나는 외로워······나는 외로워······." 메아리가 대답했다.

"참 얄궂은 별이군! 메마르고 뾰족뾰족하고 험하고, 게다가 사람들은 상상력이 없고 다른 사람이 한 말을 되풀이하니······. 내 별에는 꽃 한 송이가 있었지. 그 꽃은 언제나 먼저 말을 걸어왔는데······."

———

▲ ▲ ▲

하릴없이 공격적인 세상

높은 산은 우리 인간이 만들어온 온갖 대리만족 기제들의 높이를 상징한다. 우리는 늘 더 위대한 신이나 더 우월한 과학

기술로 지긋지긋한 존재 불안감을 떨칠 수 있으리라 생각해 왔다. 그러나 그렇게 쌓아 올린 메마른 산은 그 높이만 더할 뿐 아무런 전망도 가져다주지 못했다. 우리는 늘 더 높이 올라가려 해왔으나 불안, 공포, 외로움 어느 것 하나 해결하지 못했다. 꽃과 양의 싸움을 끝내지도 못했고 바오밥나무를 없애지도 못했다. 불 꺼진 화산을 깨우지도 못했다. 오직 메마른 산의 높이만 더해왔을 뿐이다.

메마르다는 것은 앞 장들에서 계속 묘사되어온 '메마른 인식dry cognition', 계량적 이성과 과학 자체를 말한다. 관찰적이고 실험적인 과학적 이성은 대상을 이용 도구로 바라보며 내적 소통을 배제한다는 점에서 일방적이며 메마르다. 의미와 가치를 배제한 '자격 상실의 우주'로 세상을 대한다. 마틴 부버는 다음과 같은 아름다운 표현으로 메마른 '나-그것'의 세계와 존재 상호 간에 젖어드는 '나-너'의 세계를 대비시킨다.

세계는 사람이 취하는 이중적인 태도에 따라서 사람에게 이중적이다. 사람의 태도는 그가 말할 수 있는 근원어의 이중성에 따라서 이중적이다. 근원어는 낱개의 말이 아니고 짝말이다. 근원어의 하나는 '나-너'라는 짝말이다. 또 하나의 근원어는 '나-그것'이라는 짝말이다. (중략) '나', 그 자체란 없으며 오직 근원어 '나-너'의 '나'와 근원어 '나-그것'의 '나'가 있을 뿐이다. 사람이 '나'라고 말할 때 그는 그 둘 중의 하나를 생각하고 있다. 그가 '나'라고 말할 때 그가 생각하고 있는 '나'가 거기에 존재한다. 또한 그가 '너' 또는 '그것'이라고 말할 때 위의 두 근원어 중 어느 하나의 '나'가 거기에 존재한다. (중략) 정신이 독자적 삶 속에 작용해 들어가는 것은 결코 정신 자체가 아니며, '그것'의 세계를 변화시키는 힘에 의한 것이다. 정신이 자기에게 열려 있는 세계를 향하여 마주 나아가 그 세계에 자기를 바쳐서 세계와 그 세계에 속하여 자기를 구원할 수 있을 때, 정신은 참으로 '자기 자신'에 돌아와 있는 것이다. 이와 같은 일은 오늘날 산만하고 약화되고 변질되고 철저하게 모순에 빠진 지성이 다시 정신의 본질, 곧 '너'를 말할 수 있는 능력을 가지게 될 때 비로소 이루어진다.

'그것'의 세계에서는 인과율이 무제한으로 지배하고 있다. 감각적으로 지각되는 모든 '물리적'인 사건만이 아니라 또한 자기 경험 안에서 이미 발견되었거나 또는 발견되는 모든 '심리적'인 사건도 필연적으로 인과의 계율로 간주된다. 그중에서 어떤 목적 설정의 성질을 가진 것으로 간주할 수 있는 사건들까지도 역시 '그것'의 세계에 연속체를 이루는 일부로서 인과율의 지배로부터 자유롭지 않다. (중략) 인과율이 '그것'의 세계에서 무한정한 지배력을 갖는다는 것은 자연의 과학적 질서를 위해서 근본적으로 중요하다. 그러나 그것이 사람을 억압하지는 못한다. 왜냐하면 사람이란 '그것'의 세계에만 속박되어 있지 않고, 거기에서 벗어나 몇 번이고 되풀이하여 관계의 세계로 들어갈 수 있기 때문이다. 이 관계의 세계에서 '나'와 '너'는 서로 자유롭게 마주 서 있으며, 어떠한 인과율에도 얽매이지 않고 물들지 않은 상호관계에 들어선다. 이 관계의 세계 속에서 사람은 자기의 존재 및 보편적 존재의 자유가 보장되어 있음을 알게 된다. 관계를 알며 '너'의 현존을 아는 사람만이 결단할 수 있는 능력을 가지고 있다. 결단하는 사람만이 자유롭다. 왜냐하면 그는 '너'의 면전에 나아간 것이기 때문이다. (중략) 관계의 목적은 관계 자체, 곧 '너'와의 접촉이다. 왜냐하면 '너'와의 접촉에 의하여 '너'의 숨결, 곧 영원한 삶의 입김이 우리를 스치기 때문이다.

— 마르틴 부버, 『나와 너』 중에서

'그것'을 '너'로 전환시킬 힘이 '나'에게 있다고 말하고 있다. '나 – 너 – 그것'의 통일은 인간이 구사할 수 있는 언어의 근본 형식, 곧 1, 2, 3 인칭의 통일이요 인식이 나누어놓은 세계의 재결합이다. 다른 말로 하면 나(주관적 내면 의식 – 정체성)와 너(나와 너의 결합은 곧 사회요 우리다. 나와 너의 합의된 의식을 우리는 세계관, 가치관이라 한다), 그것(대상으로서의 일체 자연)의 의미 연관의 회복이다. 즉 분리의식에서 전일적 의식으로의 전환이다. 이 의식 전환이 메마른 세상을 끝낼 수 있다.

뾰족하고 험하다는 것은 그 이성과 과학의 동기가 실은 일종의 보존 본능 내지 실존에 대한 불안에 기초한 공격성임을 다시 한 번 얘기하는 것이다. 자연과 자신의 욕망과 정체성 모두를 적대시해야 하는 인간의 내적 분열과 취약성이 자기 보호를 위한 폭력성을 부추긴다. 상상력이 없다는 것은 변화에 대한 두려움에서 기인한다. 생존본능에 매인 인간에게 변화는 곧 두려움의 원천이다. 이 두려움이 싫어 기를 쓰고 개념화, 계량화, 법칙화하는 것이 아닌가. 인간의 폭력성이 단지 나름대로 정의로움을 위한 것이기라도 하면 얼마나 좋으랴. 그러나 실은 정의와 상관없이 인간은 폭력의 대상이 필요하다. 그래야 에고가 동일시하고 있는 무엇인가가 존재 의미가 생기고 그것이 삶을 지탱해주니까. 자기의 선을 확인하기 위해 타자의 악이 필요한 방식이라는 것이다. 그래서 높아야 하고 메말를 수밖에 없고 뾰족한 걸 숙명으로 알고 험해야 강하다고 생각하는 세상은 하릴없이 폭력적이다.

끝없는 되풀이

타인의 말을 되풀이하는 것은 군중심리라고 해도 좋고 시장우상이나 극장우상이라고 해도 좋고 학습을 담당한다는 거울뉴런세포라고 해도 좋은 생존본능에 입각한 자기동일화―자아―에고의 본성을 말한다. 인간의 실존 조건이 이와 같다는 사실을 담담히 묘사하고 있다.

모든 우상과 그에 기초한 학습으로서의 사회화 역시 일종의 되풀이다. 심지어 대단히 논리적으로 보이는 인과율조차 이런 되풀이에 기초하고 있다. 그래서 니체는 설명이란 '미지未知의 것을 기지既知의 것으로 치환하기'라는 재치 있는 지적을 했다. 멀리 갈 것 없이 사전을 펼쳐보면 우리는 끝없는 정의의 도돌이표를 쉽게 확인할 수 있다. 시간의 정의는 시각과 시각 사이다. 시각의 정의는 시간의 기초 단위다. 땅의 정의는 바다를 제외한 뭍, 육지다. 육지의 정의는 물에 잠기지 않은 땅이다. 끝없는 동어반복의 연속이 우리가 아는 명사의 정의다.

관찰이라고 해서 사정이 다르지 않다. 우리는 '보고 싶은 것'을 본다. 수천 년 동안 빛이 입자라는 가정을 가진 사람들에게는 입자로서의 빛이 보였고, 파동이라는 가정을 가진 사람에게는 파동으로서의 빛이 보였다. 심리학에서 유명한 '보이지 않는 고릴라'는 인간이 보고 싶은 것만 본다는 점을 간명하게 보여준 실험이었다. 피실험자에게 농구 게임을 보여주며 3점 슛 슈터와 점수를 합산하게끔 시킨다. 경기 장면 중에는 고릴라 복장을 한 사람이 경기 도중 왔다갔다 하며 온갖 동작을 취하는 장면이 들어간다. 경기 관람이 끝난 피실험자에게 먼저 지시한 질문을 물은 다음 "그런데 고릴라 보셨어요?"라고 물으면 태반의 피실험자들이 "글쎄요"라고 답한다는 것이다. '아는 만큼 보인다'거나 '개 눈에는 똥만 보인다'는 오랜 속담들도 모두 이와 같은 속성을 말해준다. 폭력적인 사람은 모든 이들 속에서 하필 폭력적인 성향만 본다. 온화한 사람은 또 달리 본다. 문명사적으로 채집 생활을 하던 사람에게 보인 세상과 근현대인의 눈에 보인 세상은 확연히 다르다. 그것은 세상이 달라진 것이 아니라 눈이 달라졌을 뿐이다. 그렇다면 우리 인간은 이미 자신의 안에 있는 것을 외부 대상에서 다시 한 번 확인할 뿐이지 않은가. 결국 관찰자는 대상에서 관찰자 내면에 있는 꼭 그만큼만 본다. 그래서 크리슈나무르티는 '관찰자가 관찰 대상'이라는 언명을 남겼다. 폭력적인 도돌이표 인식의 감옥. 여기가 우리가 사는 지구다.

THE LITTLE PRINCE

CHAPTER 20

차별화로서의 자아

그래서 어린 왕자는 모래와 바위와 눈 가운데를 오랫동안 걷고 난 끝에 드디어 길을 하나 발견했다. 그런데 길들이란 모두 사람들 있는 곳으로 통하는 법이다.

"안녕." 어린 왕자가 말했다.

그것은 장미가 만발한 정원이었다.

"안녕." 장미꽃들이 대답했다.

어린 왕자는 그들을 바라보았다. 그들은 모두 그의 꽃과 쏙 빼닮았다.

"너희들은 누구니?" 어린 왕자는 어리둥절해서 물어보았다.

"우리는 장미꽃들이야." 장미꽃들이 말했다.

그러자 어린 왕자는 자신이 아주 불행하게 느껴졌다. 이 세상에 자기와 같은 꽃은 하나뿐이라고 그의 꽃은 그에게 말해주었던 것이다. 그런데 정원 가득히 그와 똑같은 꽃들이 오천 송이나 있다니!

'내 꽃이 이걸 보면 몹시 상심할 거야' 하고 어린 왕자는 생각했다. '기침을 지독히 해대면서 창피스러운 모습을 보이지 않으려고 죽는 시늉을 하겠지. 그럼 난 간호해주는 척하지 않을 수 없겠지. 그러지 않으면 내게 죄책감을 주려고 정말로 죽어버릴지도 몰라.'

그리고 그는 이렇게 생각했다. '이 세상에 오직 하나뿐인 꽃을 가졌으니 부자인 줄 알았는데 내가 가진 꽃은 그저 평범한 한 송이 꽃일 뿐이야. 그중 하나는 영영 불이 꺼져버렸는지도 모를, 내 무릎까지 오는 세 개의 화산과 그 꽃으로 나는 굉장히 위대한 왕자가 될 수는 없어.'

그래서 그는 풀밭에 엎드려 울었다.

▲ ▲ ▲

'나'는 무엇인가?

무욕과 자유의 별에 살던 어린 왕자에게 사랑과 미움이라는 무명無明의 바람이 불었다. 첫사랑 꽃과 마음의 일체를 이룰 수 없었던 그가 또 다른 동일화 대상을 찾아 방황했지만 그가 마음의 뿌리를 내릴 수 있는 곳은 어디에도 없었다. 권력욕, 인정욕, 중독적 쾌락, 소유욕, 의무, 지식욕. 그 모든 것들은 허망한 것들일 뿐이었다. 이 모든 외부 대상을 향한 동일화 시도를 떠돌아 생명의 별 지구로 온 어린 왕자는 이제 마지막 남은 대상, 자기 자신에게로 눈을 돌린다. 외부에 대한 헛된 기대에 지치고 나서야 내면으로 눈을 돌리는 것이다. 그러나 안타깝게도 외부를 향한 탐욕의 허망함을 깨달은 이들이 자기 내면의 발견이라는 관심의 전환을 일으키고도 이것만으로는 아직 아무것도 해결되지 않는다. 오히려 가장 거대한 장애물이 나타난다. 그것은 다름 아닌 '자기' 자체다.

흔히 '자기 발견'이라고 말할 때 우리는 자동적으로 타인과 구별되는 고유성과 개성으로서의 자아의 실체를 찾으려 한다. 그리고 그 고유하고 개성적인 '특별한 자아'를 정의할 수 있을 때 그것을 '정체성'이라고 부른다. 그 정체성을 꽃피우는 것을 '자아실현'이라고 하고 인생의 보람이나 의미로 여긴다. 그러나 너무나 당연시되고 있는 이 가치관이야말로 모든 갈등의 뿌리라는 점은 쉽게 간과된다. 수천 년간 온갖 종교와 윤리는, 탐욕이 죄의 씨앗이니 탐욕을 버리라고 가르쳤지만 그다지 성공하지 못했다. 왜 그런가? 사실 진짜 뿌리는 그 욕망의 주체로서의 자기라는 의식이었기 때문이다. 이기심을 버리라거나 자기를 버리라는 말은 확고한 자의식─에고가 건재하는 한 아무래도 실감나지 않는 말일 뿐이었기 때문이다. 그런 점에서 '나'는 무엇인가야말로 인간이 할 수 있는 문답의 궁극이며 진리의 문이다.

인간의 자아 발달은 대체로 몇 단계를 거친다.

첫째, 육체적인 자기 감각이 있다. 온갖 고통과 배고픔 같은 것들. 아기는 반복적으로 배고픔을 느끼는 중에 자신을 배고픔과 동일시한다. 외부의 보살핌에 의해 이것이 해소될 때, 다시 느끼는 포만감은 최초의 '내부와 외부' 구별을 의식하게 한다.

둘째, 이름과 거울이다. 끝없이 반복되는 이미지와 호명은 주체성의 일차적 범위를 설정해준다.

셋째, 허용되거나 되지 않는 소유권의 개념이 생긴다. 사회적 자의식이 이로부터 나온다.

넷째, 사회화로 인한 선악, 미추 의식이 발생한다. 동시에 자신이 그 기준의 어느 지점이라는 외부 평가를 내면화하게 된다.

다섯째, 이렇게 일차적 자의식 범위가 생기고 나면 다음은 스스로 획득한 기준들을 주변에 강요하기 시작한다. 이는 자기 운동 범위의 본능적 확장이며 소유 개념에 기초한 것이기도 하다. 물론 이때 소유는 물질에 대한 것뿐 아니라 무엇에 대해서건 영향력 확장을 의미한다. 이로부터 일반적인 탐욕이 생겨난다.

여섯째, '자기가 자기를 변화시킬 수 있다'는 자의식이 등장한다. 이로부터 자기 개선, 자기 개혁이라는 망상이 발전한다. 그러나 정작 문제는 자기를 둘러싼 환경으로부터 자유로워지는 것이 아니라 '자기'라는 울타리로부터 자유로워지는 것이다.

이 모든 자아 발달 과정의 요체는 '반복된 경험'이다. **반복을 통해 고착되는 개체로서의 범주 의식. 그것이 자아라는 망상이다.** 그러므로 자아는 기본적으로 변화를 싫어한다.

변화는 '자기의 불안정'으로 느껴지기 때문이다. 자아가 외적 경험으로 추구하는 변화는 내적 자기동일성을 실현할 대상의 교체일 뿐이고 일단 형성된 자의식은 강력한 독자 생존권을 평생 주장한다.

겉보기에는 훌륭해 보이는 이타적 행위들도 이 기본적인 자의식의 지배 아래 놓인 경우가 많다. 자의식이 시공간적으로 확장되면 지역주의나 국가주의, 민족주의 등이 된다. 정신적으로 확장되면 이념이나 종교가 된다. 이것들은 범위의 확장이고 형태의 변형일 뿐, 여전히 자의식의 자기주장이다. 그래서 훌륭한 집단과 이념의 이름으로 또 다른 훌륭한 집단과 이념을 척결하자는 논리가 쉽게 나오는 것이다. **범위 안을 위한 선이 범위 밖에 대한 악이거나 폭력이 된다.** '자기'를 어떤 한정된 '범위'로 인식하는 한 우리는 그 '분별선의 경계'에서 한없이 의미 없고 맹목적인 갈등을 일으킨다.

바로 이런 의미에서 사실 말이 '차별화'이지 그 차별화는 뒤집힌 '동일화'다. 타자에 비해 특별해지기 위한 차별화 욕구가 그 특별함을 보장하는 대상에 대한 소유적, 확장적 동일화 욕구로 나타나는 것뿐이다. 모든 이분법이 그러하듯 차별과 동일은 동전의 양면이다. 마치 한쪽이 '오목'하면 다른 편에서는 그것이 '볼록'이 되는 것과 같다. 고통과 쾌락, 선과 악, 사랑과 증오, 희망과 좌절이라는 일상의 이분법이 모두 이러하다.

이 분별, 구분, 경계에 대한 집착은 우리의 일상을 구성하는 의식과 감정에 의해 나날이 확고해진다. 일상 의식은 언어와 숫자의 논리에 절대적으로 의존한다. 그러나 앞서 살폈듯 이 언어와 숫자는 기본적으로 연기적緣起的 세계에 대한 왜곡을 내포한다. 언어와 숫자 자체가 이미 분별의 결과이면서 분별을 확고하게 강화하는 역할을 한다. 이것은 하루, 한순간도 쉬지 않고 계속된다. 감정 또한 오호, 선악, 탐진이라는 기본 이원 구조 아래에서 반복되므로 동일한 역할을 한다. 이리하여 중생의 삼독이라는 탐 – 진 – 치의 악순환이 인생이라는 드라마의 기본 구조가 되는 것이다. 이들 어리석음 중 으뜸인 것, 그것이 바로 '개별화된 자기'의 탄생이다.

한편, 자아가 과연 무엇이냐에 대한 지배적 관념들도 시대, 문화마다 상을 달리해왔다. 상고시절의 자의식은 소박한 것이었다. 상상과 현실을 뒤섞은 신화적 자의식이 그 출발점이다. 일신교가 지배하기 시작한 서구에서는 신화적 자아관을 뒤이어 유일신에게 합일을 존재의 당위로 삼는 신학적 자아관이 등장했다. 신에 대한 믿음이 과학에 그 자리를 넘겨준 후 과학이 깔고 있는 세계관의 기초가 원자론에 입각한 역학적 사고였으므로 인간 역시 세계라는 거대 기계 구성체의 부분으로서 원자적 개인이라는 이성적 자의식이 지배한다.

서구에서는 신화 – 신 – 이성이 자의식의 공동 바탕으로 기능해왔던 데 반해 동양의 전통사회에서는 사정이 좀 달랐다. 서구와 달리 일신교적 전통이 없고 분리 분석적 세계관이 없었기 때문에 동양의 인간관은 보다 유연한 것이었다. 유─불─선에서는 인간을 개체로 보지 않았다. 불교의 중심 개념인 공空에는 개체의식이 스며들 자리가 없다. 도교의 중심 개념인 도道나 무無도 마찬가지다. 지배 이데올로기로 기능했던 유교 역시 천인합일(여기서 천은 곧 자연이다)적 인간관을 기초로 했으므로 동양은 근대화 이전에는 특화된 개인주의 의식이 형성되지 않았다. 물론 자연발생적으로 형성되는 일상사에서 탐욕의 반복을 피할 수는 없겠지만, 적어도 세계관이나 시대정신의 차원에서는 서구에 비해 개체에 대한 집착 전통이 약했다는 것도 분명하다. 그러나 그런 과거가 무슨 위안이 될 수 있으랴. 우리에게 주어진 것은 영원한 현재뿐이지 않은가.

이 장의 어린 왕자는 '특별히 구별되는 자기'라는 생각이 무너지는 것을 아픔으로 느끼고 있다. 남과 내가 다를 바가 없다면 내 인생은 의미 없는 것 아닌가라는 심정일 게다. '오직 하나뿐인 꽃'의 주인이어야 하고 타자와의 비교 우위에서는 부자이거나 위대한 왕자가 되지 못했음을 슬퍼한다. 이 슬픔이야말로 우리가 '자기 발견'이라는 관심이 시작되자마자 공히 만나는 당혹스러움이다. 그러나 과연 그런가? 개체화된 구별이 주는 안도감과 그에 기초한 생각, 그 생각의 무한 반복에 기초한 사회적 의식이야말로 고립감, 외로움, 슬픔의 뿌리는 아닌가?

남과 다를 바가 없다면 자존감이 무너지고 남과 다르다면 고립감이 심화된다. 이 딜레마에 대한 답이 어린 왕자가 지구에서 찾아야 할 화두다.

THE LITTLE PRINCE

PART
4

초월의
길

THE LITTLE PRINCE

관계 맺기

여우가 나타난 것은 바로 그때였다.

"안녕." 여우가 말했다.

"안녕." 어린 왕자가 얌전히 대답하고 몸을 돌렸으나 아무것도 보이지 않았다.

"난 여기 사과나무 밑에 있어." 좀 전의 그 목소리가 말했다.

"넌 누구지? 넌 참 예쁘구나." 어린 왕자가 말했다.

"난 여우야." 여우는 말했다.

"이리 와서 나하고 놀자. 난 아주 슬프단다." 어린 왕자가 제의했다.

"난 너하고 놀 수 없어. 나는 길들여져 있지 않거든." 여우가 말했다.

"아! 미안해." 어린 왕자가 말했다.

그러나 잠깐 생각해본 후에 어린 왕자는 다시 말했다.

"길들여진다는 게 뭐지?"

"너는 여기 사는 애가 아니구나. 넌 무얼 찾고 있니?" 여우가
물었다.

"난 사람을 찾고 있어." 어린 왕자가 말했다. "길들인다는 게
뭐지?"

"사람들은 소총을 가지고 있고 사냥을 하지. 그게 참 곤란한
일이야. 그들은 병아리들도 길러. 그것이 그들의 유일한 낙이
야. 너 병아리를 찾니?" 여우가 물었다.

"아니야. 난 친구들을 찾고 있어. 길들인다는 게 뭐지?" 어린

왕자가 말했다.

"그건 너무 잘 잊히고 있는 거지. 그건 '관계를 맺는다'는 뜻이야." 여우가 말했다.

"관계를 맺는다고?"

"그래." 여우가 말했다. "넌 아직은 나에겐 수많은 다른 소년들과 다를 바 없는 한 소년에 지나지 않아. 그래서 난 너를 필요로 하지 않고. 너 역시 마찬가지일 거야. 난 너에겐 수많은 다른 여우와 똑같은 한 마리 여우에 지나지 않아. 하지만 네가 나를 길들인다면 나는 너에겐 이 세상에 오직 하나밖에 없는 존재가 될 거야."

"무슨 말인지 조금 이해가 가." 어린 왕자가 말했다. "꽃 한 송이가 있는데 그 꽃이 나를 길들인 걸 거야……."

"그럴지도 모르지." 여우가 말했다. "지구에는 온갖 것들이 다 있으니까……."

"아, 아니야! 그건 지구에서가 아니야." 어린 왕자가 말했다.

여우는 몹시 궁금한 눈치였다.

"그럼 다른 별에서?"

"그래."

"그 별에도 사냥꾼들이 있니?"

"아니 없어."

"그거 참 이상하군! 그럼 병아리는?"

"없어."

"이 세상엔 완전한 데라곤 없군." 여우는 한숨을 내쉬었다.

그러나 여우는 하던 이야기로 다시 말머리를 돌렸다.

"내 생활은 너무 단조롭단다. 나는 병아리를 쫓고 사람들은 나를 쫓지. 병아리들은 모두 똑같고 사람들도 모두 똑같아. 그래서 난 좀 심심해. 하지만 네가 나를 길들인다면 내 생활은 환하게 밝아질 거야. 다른 모든 발자국 소리와 구별되는 발자국 소리를 나는 알게 되겠지. 다른 발자국 소리들은 나를 땅 밑으로 기어들어가게 만들 테지만 너의 발자국 소리는 땅 밑 굴에서 음악소리처럼 나를 밖으로 불러낼 거야! 그리고 저길 봐! 저기 밀밭이 보이지! 난 빵은 먹지 않아. 밀은 내겐 아무 소용이 없는 거야. 밀밭은 나에게 아무것도 생각나게 하지 않아. 그건 서글픈 일이지! 그런데 너는 금빛 머리칼을 가졌어. 그러니 네가 나를 길들인다면 정말 근사할 거야! 밀은 금빛이니까 나에게 너를 생각나게 하거든. 그럼 난 밀밭 사이를 스치는 바람 소리를 사랑하게 될 거야……."

여우는 입을 다물고 어린 왕자를 오랫동안 쳐다보더니

"부탁이야……. 나를 길들여줘!" 하고 말했다.

"그래, 나도 그러고 싶어. 하지만 내겐 시간이 많지 않아. 친구들을 찾아내야 하고 알아볼 일도 많아." 어린 왕자는 대답했다.

"우린 우리가 길들이는 것만을 알 수 있는 거란다." 여우가 말했다.

"사람들은 이제 아무것도 알 시간이 없어졌어. 그들은 가게에서 이미 만들어져 있는 것들을 사거든. 그런데 친구를 파는 가게는 없으니까 사람들은 이제 친구가 없는 거지. 친구를 가지고 싶다면 나를 길들이렴."

"그럼 어떻게 해야 하는 거지?" 어린 왕자가 물었다.

"참을성이 있어야 해." 여우가 대답했다. "우선 내게서 좀 멀어져서 이렇게 풀숲에 앉아 있어. 난 너를 곁눈질해 볼 거야. 넌 아무 말도 하지 마. 말은 오해의 근원이지. 날마다 넌 조금씩 더 가까이 다가앉을 수 있게 될 거야……."

다음날 어린 왕자는 다시 그리로 갔다.

"언제나 같은 시각에 오는 게 더 좋을 거야." 여우가 말했다. "이를테면, 네가 오후 네 시에 온다면 난 세 시부터 행복해지기 시작할 거야. 시간이 흐를수록 난 점점 더 행복해지겠지. 네 시에는 흥분해서 안절부절못할 거야. 그래서 행복이 얼마나 값진 것인지 알게 되겠지! 아무 때나 오면 몇 시에 마음을 곱게 단장을 해야 하는지 모르잖아. 올바른 의식이 필요하거든."

"의식이 뭐야?" 어린 왕자가 물었다.

"그것도 너무 자주 잊히는 거야. 그건 어느 하루를 다른 날들과 다르게 만들고, 어느 한 시간을 다른 시간들과 다르게 만드는 거지. 예를 들면 내가 아는 사냥꾼들에게도 의식이 있어. 그들은 목요일이면 마을의 처녀들과 춤을 추지. 그래서 목요일은 내게 신나는 날이지! 난 포도밭까지 산보를 가고,

사냥꾼들이 아무 때나 춤을 추면, 하루하루가 모두 똑같이 되어버리잖아. 그럼 난 하루도 휴가가 없게 될 거고⋯⋯." 여우가 말했다.

그래서 어린 왕자는 여우를 길들였다. 출발의 시간이 다가왔을 때 여우는 말했다.

"아아! 난 울 것만 같아."

"그건 네 잘못이야. 나는 너의 마음을 아프게 하고 싶지 않았어. 하지만 내가 널 길들여주길 네가 원했잖아⋯⋯." 어린 왕자가 말했다.

"그건 그래." 여우가 말했다.

"그런데 넌 울려고 그러잖아!" 어린 왕자가 말했다.

"그래, 정말 그래." 여우가 말했다.

"그러니 넌 이익 본 게 아무것도 없잖아!"

"이익 본 게 있지. 밀밭의 색깔 때문에 말야." 여우가 말했다. 잠시 후 그가 다시 말을 이었다. "장미꽃들을 다시 가서 봐. 너는 너의 장미꽃이 이 세상에 오직 하나뿐이라는 걸 깨닫게 될 거야. 그리고 내게 돌아와서 작별 인사를 해줘. 그러면 내가 네게 한 가지 비밀을 선물할게."

어린 왕자는 장미꽃을 보러 갔다.

"너희들은 나의 장미와 조금도 닮지 않았어. 너희들은 아직 아무것도 아니야." 그들에게 그는 말했다. "아무도 너희들을 길들이지 않았고 너희들 역시 아무도 길들이지 않았어. 너희들은 예전의 내 여우와 같아. 그는 수많은 다른 여우들과 똑같은 여우일 뿐이었어. 하지만 내가 그를 친구로 만들었기 때문에 그는 이제 이 세상에 단 하나뿐인 여우야."

그러자 장미꽃들은 굉장히 당황했다.

"너희들은 아름답지만 텅 비어 있어." 그가 계속 말을 했다. "누가 너희들을 위해서 죽을 수 없을 테니까. 물론 나의 꽃은 지나가는 행인에겐 너희들과 똑같이 생긴 것으로 보이겠지. 하지만 그 꽃 한 송이가 내게는 너희들 모두보다도 더 중요해. 내가 그에게 물을 주었기 때문이지. 유리 덮개로 보호해준 것도 꽃이기 때문이야. 내가 벌레를 잡아준 것(나비 때문에 두세 마리 남겨둔 것 말고)도 그 꽃이기 때문이야. 불평을 하거나 자랑을 늘어놓는 것도, 때로는 말없이 침묵을 지키는 것도 귀 기울여 들어준 꽃이기 때문이지. 그건 내 장미꽃이기 때문이야."

그리고 그는 여우에게 돌아갔다.

"잘 있어." 어린 왕자가 말했다.

"잘 가." 여우가 말했다. "내 비밀은 이런 거야. 아주 간단해. 오로지 마음으로만 보아야 잘 보인다는 거야. 가장 중요한 건 눈에 보이지 않는단다."

"가장 중요한 건 눈에 보이지 않는단다." 잘 기억하기 위해서 어린 왕자가 되뇌었다.

"네 장미꽃을 그토록 소중하게 만드는 건 그 꽃을 위해 네가 소비한 그 시간이란다."

"……내가 내 장미꽃을 위해 소비한 시간이란다……." 잘 기억하기 위해 어린 왕자가 따라 말했다.

"사람들은 이런 진리를 잊어버렸어. 하지만 넌 그것을 잊어선 안 돼. 네가 길들인 것에 언제까지나 책임이 있어. 넌 네 장미에 대한 책임이 있어……."

"나는 장미에 대해 책임이 있어……." 잘 기억하기 위해 어린 왕자는 되뇌었다.

———

▲ ▲ ▲

두 갈래 길―퇴행과 상승

『어린 왕자』에서 가장 많이 회자되는 여우와의 만남 장면이다. 함께 놀자는 어린 왕자의 제안에 여우는 서로 길들여지지 않아서 안 된다고 답한다. 그리고 '길들임'의 의미에 대한 대화가 이어진다. '길들임'은 흔히 인간이 가축을 길들이듯 대상을 지배하고 통제한다는 어감으로 쓰인다. 그래서 여우는 사람들이 '사냥을 하고……병아리를 기른다'고 말한다. 사냥과 목축이 일반적으로 이해되는 길들임의 전형이어서 이런 예를 든다. 이 둘은 모두 대상을 단지 자신의 편의를 위한 이용물로 대하는 방식이다. 그래서 여우는 어린 왕자에게 병아리를 찾고 있는지 묻는다. 현대인들의 인간관계는 얼마나 흔히 서로를 서로의 사냥물이나 병아리로 대하는 방식인가! 물질적인 것이든 관념적인 것이든 나의 '필요와 편리'의 지렛대로 상대가 존재한다면 그 관계는 일체 도구적 관계고 사냥과 목축 같은 것이다. 그래서 여우는 어린 왕자의 마음을 확인하고자 한다. 이용이 아닌 관계여야 하기 때문에.

길들임은 관계를 맺는 것이고 그것을 통해 서로가 '특별하고 고유한 의미'를 획득하는 것이라고 여우는 말한다. 그 의미가 다름 아닌 우리가 '정체성'이라 부르는 의식이다. 『어린 왕자』는 책 전체가 '자기 발견'이라는 주제로 전개된다. 최초의 자발적 의지가 좌절되고 사막으로 나선 주인공. 그 앞에 나타난 또 다른 자기로서의 어린 왕자. 그 어린 왕자의 고향 상실과 여섯 개 별의 탐험은 모두 자기를 찾아 떠나는 여정이었다. 그리고 바로 앞 장에서 우리는 한 개인의 고유성을 어디서 찾아야 할지 고민하는 장면을 보았다. 그에 대해 여기 여우가 내놓은 답은 '관계 맺음'이다. 물론 그 관계의 전제는 도구적이지 않고 인격적, 실존적이어야 한다는 조건이 있다. 그런 관계의 경험은 고유할 수밖에 없다. 일견 관계의 형태가 비슷해 보일지라도 그 내용은 상호 간의 의미부여와 해석의 개입에 의해 완전히 고유한 것일 수밖에 없다. 수많은 연인이 있다 해도 모든 연인은 고유한 관계다. 그래서 여우는 "네가 나를 길들인다면 나는 너에겐 이 세상에 오직 하나밖에 없는 존재가 될 거야"라고 말한다. 여우의 말을

들은 어린 왕자는 비로소 어렴풋이 자기 발견의 실마리를 발견한다. 자기가 정성들였던 장미꽃. 그 정성과 그 꽃이 곧 자신이라는 느낌을 받는다.

그러나 관계의 의미에 대해 여우가 말하고자 했던 바를 어린 왕자는 오해했다. '실존적 관계의 고유성'이 곧 나라고 여우가 말했을 때, 어린 왕자는 이 말의 의미를 '배타적'인 것으로 받아들였다. '나만의 것'에 갈급해 하는 마음 상태 때문에 **고유성을 배타성으로** 알고 만 것이다. 이 이해 차이는 이어지는 여우의 말과 어린 왕자의 행동 속에서 곧 드러난다. 그래서 어린 왕자는 앞 장에서 만난 장미들을 비난하고 온다. 너희들은 아무것도 아니라고. 그러나 이것은 여우가 말한 소중함에 대한 왜곡이다. 자식 가진 부모가 그 자식이 너무 소중함을 경함하고 난 후, 내 자식이 중함을 통해 모든 생명의 새끼가 소중함을 공감하는 것으로 나갈 수도 있고, 내 자식이 너무 소중해서 그 앞을 가로막는 모든 것을 장애물로 여길 수도 있다. **고유한 대상의 소중함에 대한 경험을 바탕으로 한 인간의 행동에는 두 개의 갈랫길이 있다.** 하나는 고착적 배타성으로 향하는 길이고 다른 하나는 그것을 통한 보편성으로의 확장이다. 여우가 보편적 확대를 말한 그 자리에서 어린 왕자는 배타성으로 빠져들었다.

물질세계든 정신세계든 성장은 분리와 통합의 연속이다. 한 개인의 내면 심리에서 발생하는 일은 인류 집단 전체의 정신 발달사에도 각인되어 있다. 일찍이 살아 있는 모든 것을 신성시하며 자연과 일치감 속에서 살았던 인간은 신화적 세계관을 떠나면서 자연과 분리되었다. 그러나 자연과의 분리는 유일신과의 일치라는 새로운 질서를 향해 나갔다. 중세와 르네상스를 거치며 이성주의를 통해 신을 버린 인간은 다시 온갖 물질적 탐욕의 성장과 자신을 동일시했다. 언제나 인간은 전 단계에 자신이 인생의 의미와 목표로 동일시해왔던 가치를 초월함으로써 새로운 자신을 정립해왔고 그 과정이 곧 인간관, 정체성의 역사였다. 21세기인 지금은 신화적-신학적-이념적(이성적) 인간관의 발달 끝에서 인류가 새로운 정체성을 찾는 시기다. 제레미 리프킨은 『공감의 시대』에서 이 새로운 흐름을 '심리적 인간관'이라 명한다. 모든 것을 개체 분리적으로 이해해왔던 분석적 이성의 한계가 드러나고 물질세계 자체가 상호 연관된 에너지 흐름의 산물임을 밝히면서 인간관계도 분리된 개별 정체성의 대결이 아니라 공감과 연대를 지향하는 방향으로 전환된다는 아이디어다. 세계를 기계적 요소들의 역학 관계로 이해했던 관점에서는 인간 역시 분리된 개별 부속 정도로 여겨졌다. 그러나 세계가 비가시적이지만 긴밀히 연결되어 있는 에너지의 상호 연결망으로 이해되고 있는 21세기에는 인간 역시 보이지 않는 마음의 흐름으로 서로 연결되어 있다는 관점이 자연히 떠오르는 것이다.

이러한 역사의 계통발생적 의식 진화는 한 개인의 개체발생적 자의식 발전에도 반영되어 있다. 유아의 세계관은 곧 신화적 세계관이다. 유아는 자신의 환경과 자기를 분리시킬 수 없으며 환상 속에서 자기를 둘러싼 모든 환경과 자신을 운 명공동체로 인식한다. 청소년기로 대표되는 성장기의 인격 은 신이든 사회적 이상이든 자신의 존재 의미를 고정시켜줄 동일시 대상을 찾아 헤맨다. 이 과정이 사회적 자아의 정립 과정이다. 좀 더 성숙한 인격은 자신의 실존적 의미와 보편 가치와의 통합을 시도하는 데로 나간다.

그러나 여기서 주의할 점이 있다. 그러한 발전이 단선적, 일괄적으로 생기지는 않는다는 사실이다. 각 단계는 전 단계 를 '강력하게' 포함한다. 근대는 아직도 근대화된 형태의 신 화와 신학을 여전히 가지고 있다. 심지어 근대 자체의 자기 모순에 부딪힐 때마다 신화적, 신학적 세계로의 정신적 퇴행 이 곧잘 시도된다. 과거 회귀적인 낭만주의나 현실 집착적인 보수주의 모두가 신화와 신학의 담론을 움켜쥐고 산다. 개인 의 경우도 마찬가지다. 이미 성장한 성인도 젊은 시절, 어린 시절의 로망을 결코 떠나지 못하며 현실의 공포에 직면해 곧 잘 내적으로 과감히 퇴행하곤 한다. '어린 시절 꿈'에 대한 로망은 얼마나 보편적인가! 최초의 자연적 일치를 떠나고(고 향 별에서의 출발) 외부 동일시 대상과도 헤어진(여섯 개 별의 탐 험) 어린 왕자는 이제 내면의 의미 안에서 자신을 찾는 입구 에 서 있다. 그러나 '관계의 고유성=나'라는 얘기를 들었을 때 어린 왕자의 마음속에 일어난 일은 고유성과 보편성의 일치라는 정신적 상승의식이 아니라 '고유한 에고'라는 전 단계적 퇴행과 맞물리고 말았다! 그래서 사실 더욱 중요한 여우의 말,

"네가 나를 길들인다면 내 생활은 환하게 밝아질 거야. 다른 모든 발자국 소리와 구별되는 발자국 소리를 나는 알게 되겠지. 다른 발자국 소리들은 나를 땅 밑으로 기어들어가게 만들 테지만 너의 발자국 소리는 땅 밑 굴에서 음악소리처럼 나를 밖으로 불러낼 거야! 그리고 저길 봐! 저기 밀밭이 보이지! 난 빵은 먹지 않아. 밀은 내겐 아무 소용이 없는 거야. 밀밭은 나에게 아무것도 생각나게 하지 않아. 그건 서글픈 일이지! 그런데 너는 금빛 머리칼을 가졌어. 그러니 네가 나를 길들인다면 정말 근사할 거야! 밀은 금빛이니까 나에게 너를 생각나게 할 거거든. 그럼 난 밀밭 사이를 스치는 바람 소리를 사랑하게 될 거야"

을 놓치고 말았다. 여우는 **금빛 머리칼 – 밀밭 – 바람 소리로 이어지는 관계망의 확장**을 말하고 있다. 너를 사랑해서 너를 떠올리게 하는 모든 것들과 너를 존재케 하는 모든 것들마저 사랑하게 된다는 여우의 말이야말로 인간 정신의 성장 방향을 단적으로 압축한다. 인간의 **정신적 성숙은 한마디로 끝없는 집착적 동일시로부터의 탈피 과정이다.** 물리적 자연과 신체, 감정과 이성, 모든 소유적 자의식들이 차례차례 허물

을 벗으며 거기에서 개체적 인간이 보편적 세계와 합일을 이루는 자유로운 영혼이 솟아오른다. 한 개인이 완전히 자기중심적인 유아 시절을 지나 타인의 입장을 내면화해보는 사회화 과정을 거치고, 그러고 나서야 가족으로부터 소속 사회로, 국가로, 민족으로, 인류로, 온 생명권으로 관심이 확장되어가는 것과 다르지 않다.

길들이기—초시간적 경험

그러나 여우의 진의를 놓치고 있는 어린 왕자는 '시간이 많지 않다'고 조급해 한다. 이에 대한 여우의 답은 두 가지다. 1) 우리는 우리가 길들이는 것만을 알 수 있다. 2) 사람들은 이제 아무것도 알 시간이 없어졌다. 그리고 어린 왕자가 다시 물어보는 길들이기 방법에 대해 **아무 말도 하지 말고 참을성 있게 바라보라고 한다.** 여기서는 시간 대 길들임이라는 대구가 나온다. 여우의 말에는 '제작된 상품의 소비=시간', '친구=길들임'이라는 등식이 있다. 여우가 말하는 길들임은 시간이 걸리는 어떤 양적 작업이 아니라는 말이다.

인간 정체성 이해에 단계적 역사가 있듯 시간관에도 그러한 단계들이 있다. 이 단계들은 인간이 세계 그 자체, 즉 실존적 실재와의 분리 정도에 따라 나누어진다. 우로보로스(자신의 꼬리를 물고 있는 뱀)로 상징되고 수렵채취 생활을 벗어나지 못했던 단계의 인간에게 시간은 무의미했다. 물질 자연과 분리된 의식이 없었던, 동물과 가까웠던 의식 수준의 인간에게는 삶도 죽음도 의미가 없었다. 그런 의미에서 이 단계의 시간 의식은 오히려 전前 시간적이라고 보아야 한다. 타이폰(반인반수)으로 상징되고 원예농업에 머물며 가부장제가 탄생되지 않은 시기 인간의 시간 의식은 눈 뜨고 있는 하루하루의 연속이었다. 반인반수의 등장은 물질자연으로부터 어렴풋이 분리된 인간 의식의 등장이었지만 완전한 분리는 아니었다. 따라서 아직 자연을 착취하고 적대시하는 과정으로서 문명은 등장하지 않았고 축적 의식 역시 존재하지 않았다. 축적 의식 없는 상태의 시간이란 내일을 걱정하지 않는다.

본격적인 농경의 등장은 비로소 내일을 위한 걱정을 낳았다. 동시에 간단한 도구로 일구는 원예농과 달리 근육의 힘이 필요한 본격 경작이 삶의 토대가 되었다. 이것은 생명의 유지를 뜻하는 식탁에 오르는 음식을 남자가 책임진다는 것을 의미한다. 가부장제가 등장한 것이다. 태초에 자연과 하나였던 인간의 의식이 자연으로부터 분리되어 나오자 이제 인간 안에서도 여자와 남자가 분리되고 농경과 유목이 분리되고 어제와 다른 내일이 분리되었다. 이러한 분리는 유한성에 대한 공포를 낳았다. 유한성에 대한 공포는 자연스럽게 무한성에 대한 동일시 욕구로 이어졌고 이것이 역사가 기록하고 있는 신화-신학의 발전이다. 의식적으로는 신성과의 동일시를 통해, 현실적으로는 필멸의 내일을 방어할 온갖 대리 기제의 축적을 통해 문명이 시작되었다. 그러나 1년 단위의 농경을 주생활로 삼는 단계의 시간 의식은 계절의 순환 주기 이상을 넘어서지 않는다. 모든 고대 문명에서 발견되는 **순환론적 시간관의 탄생이다.**

가속도가 붙은 의식의 분화는 드디어 정신과 육체를 분리하고 필멸의 육신과 불멸의 영혼이라는 이분법을 고착시켰다. 일신교적 전통 아래에서 이것은 영혼의 구원이라는 고전적 신학 세계관을 구축했다. 에고라 불리는 고립적 존재자로서 자아 관념이 탄생했고 이제 시간은 창조에서 심판으로 이어지는 직선적인 것으로 추상되었다. **역사적 시간의 탄생이다.**

근대 문명은 창조와 심판을 축으로 과거-현재-미래로 이어지는 이 역사적 시간관에서 신의 얼굴을 지우고 이성과 과학 기술을 새겨 넣었다. 신의 창조 능력은 인간의 자연 개발과 제조 능력으로 대체되었고 영혼의 구원은 화폐의 무한 축적으로 대체되었다. 우리는 이를 일컬어 '물신'이라고 하지 않는가. 기술-화폐신의 탄생이다. 그래서 오늘날 '시간은 돈'이다. 시간은 과학적으로 다루어지는 변화의 계량 단위가 되었고 제조 효율의 관점에서 정의되는 도구적 대상이 되었다. 근대인에게 시간은 다른 모든 물건과 마찬가지로 실존에서 분리되어 가지거나 가지지 못하는 무엇이 되었고 그것의 소유 여부는 무엇인가를 만들어내거나 만들어내지 못하는 것과 같은 의미가 되었다. **시간은 제조의 물적 배경으로 퇴락했다.**

그래서 여우는 시간이 있거나 없다는 것을 '길들이기=친구 만들기=실존 관계의 정립=자아 발견=보편성으로서의 실재 발견'과 무관하거나 대립되는 것으로 지적한 것이다. 인간의 관계와 경험의 의미는 초시간적이다.

관계는 당연하게도 상호작용적이다. 이 상호작용성은 '나'나 '너'로만은 이루어질 수 없고 '나-너'의 합으로만 가능하다. 관념적으로는 분리되어 있는 나와 너가 실재에서는 관계 경험 안에서 사라진다. 인간의 인식은 주관이나 대상 어느 한쪽으로 이루어질 수 없고 연기적 상호 침투로만 가능하다. 관찰은 대상에 즉각적인 영향을 주며 대상과의 관계 맺기=경험의 종합이 곧 관찰자다. 그런 의미에서 관찰자가 관찰 대상이다.

선가에 내려오는 유명한 일화가 있다. 하루는 스승이 제자에게 멀리서 들려오는 종소리가 어디서 나느냐고 물었다. 제자는 종에서 난다고 답했다. 스승은 종 치는 당목 없이 소리가 나올 수 있느냐고 반문했다. 제자는 그럼 소리는 당목에서 난다고 답했다. 다시 스승은 그 소리를 듣는 귀가 없으면 소리가 있겠느냐고 반문했다. 제자는 그럼 소리는 귀에서 난다고 답했다. 스승은 다시 그 귀가 듣는 소리를 느끼는 마음이 없으면 소리가 어디에 있겠느냐고 반문했다. 제자는 소리는 마음에서 난다고 답했다. 스승이 다시 물었다. 그 마음은 어디에 있느냐고. 우리는 소리로부터 종과 당목과 귀와 마음을 따로 분리할 수 있는가? 또 우리는 그 종소리를 물리적 과거에나 미래에 다시 들을 수 있는가? 느껴지는 것은 기억과 기대일 수는 있지만 그것은 어디까지나 현재 내 안에 있다. 그 종소리는 절대적으로 고유하며 동시에 영원하다. 영원이란 '시간의 지속'이 아니라 '시간의 초월'이며 바로 그 점에서 모든 순간은 동시에 영원한 의미를 획득한다. 그 종소리를 만들어낸 만물의 연기적 상호작용은 초시간적 우주적 창조력이기에 무규정, 무제한적이어서 영원하며 그 경험은 정묘한 수준에서 다시 재현될 수 없는 순간이기에 절대적으로 고유하다. 따라서 창조적이다. 이미 만들어진 무엇이 아니며 재현되거나 소유할 수 있는 무엇이 아니다. 분리는 오직 언어와 의식으로만 가능한 환상적 분리이며 실재는 나-너, 주체-대상, 안-밖, 시간-공간의 구분을 초월한다.

지금 내 눈앞에 있는 꽃에서 내가 느끼는 아름다움은 고유하고 영원하다. 이 경험은 초시간적이고 창조적이다. 실존적 관계 맺기의 경험은 '제조적 시간'의 강박 아래에서는 찾을 수 없다. 외부 대상이나 탐욕과의 동일시에서 영원을 추구하고 구원을 찾는 환상에 젖어 사는 마음으로는 여우가 말하는 친구를 영원히 얻을 수 없다. 내 경험 속에 물질적, 이익추구적, 도구적, 분리분석적 관념이 끼어드는 순간, 우리는 실존적, 창조적, 초시간적, 내적 관계경험을 잃고 만다. 이 때문에 여우는 반문하는 어린 왕자를 꾸짖은 것이다.

바라보기―초언어적 이해

한 발 더 나아가, 여우는 '말은 모든 오해의 근원'이라는 교훈을 준다. 그래서 진정한 이해를 위해 필요한 태도는 한 발짝 떨어져 지긋이 바라보기라고 한다. 옳은 말이다.

말과 문자의 탄생도 역사를 가진다. 시간 의식 없이 시제가 있을 수 없고 소유 의식 없이 소유격이 나올 수 없다. 언어는 의식과 생활의 산물이자 그 의식과 생활을 강화하고 역규정하는 강력한 매개다. 인간의 두뇌는 거울뉴런세포의 작용에 따라 반복 주입되고 학습된 지각을 '현실'로 인식한다. 말과 문자는 바로 그 **무한 반복의 지렛대다.** 언어가 일으키는 인식 오류의 메커니즘은 이미 앞서 논한 바 있다. 따라서 세론은 생략하고 몇 가지만 추가하자. 언어의 기능은 대상이 무엇이 되었든 세계를 임의적 범주로 제한하고 기능적으로 분리한다. **세계에 대한 분리 차별화가 곧 언어의 본질적 기**

능이다. 땅은 하늘과 분리 차별이고(그러나 실재에서 대기 작용없이 존재할 수 있는 땅은 없다) 물은 불과, 먼 것은 가까운 것과, 형태는 속성과, 형식은 내용과, 나는 너와, 주체는 대상과, 선은 악과, 자유는 구속과 분리 차별이다. 그러나 상대 없이는 한쪽도 존재할 수 없다는 면에서 모순의 공존은 떼어낼 수 없는 일체의 상태다. 분리 불가능한 일체적 실재를 분리 차별해서 인식하는 정교한 도구가 곧 말이다. 그러니 어찌 말이 세상을 만든 것이 아닐 것이며(태초에 말씀이 있었느니라!) 어찌 그렇게 인식된 세상이 환상 – 마야가 아닐 것이며 어찌 오해의 근원이 아니겠는가!

우리는 문자의 탄생을 문명의 축복이라 여기고 인쇄술의 발전을 지식의 대중화라 반기는 통념 속에 산다. 굳이 틀린 말은 아니다. 그러나 모든 좋은 일에는 나쁜 일도 함께한다. 그 전 과정은 또한 거대한 환상의 전파와 고착 과정이기도 한 것이다. 그래서 인류 지혜의 전통들은 이 말의 이중성, 도구적 불가피성과 그 한계를 끊임없이 경고해왔다. 불교에서는 달을 가리키는 손가락의 예를 들고 도교에서는 물고기를 잡는 통발의 비유를 든다. 언어는 우리의 통념적, 합리적, 논리적 세계 인식을 주조한다. 그래서 이 틀을 넘어서지 않고는 실재에 대한 깨달음에 이를 수 없고 그 환상에서 깨어남 없이는 자기도 세상도 실재도 모두 발견할 수 없다. 우리에게 초언어적인 이해 방식이 요청되는 것도 이 때문이다. 그 초언어적 이해 방식을 여우는 '말없이 바라봄'=관조라고 말한 것이다.

　기독교 신비주의 전통은 세계를 바라보는 세 가지 눈을 제시한다. 감각의 눈, 이성의 눈, 관조의 눈이 그것들이다. 감각의 눈은 대상의 물질 형식적 특징을 감지하는 눈이다. 이성의 눈은 대상의 사회역사적, 계량적 의미를 파악하는 눈이다. 관조의 눈은 대상의 저변에 흐르는 마음의 기운을 내 마음의 눈으로 공감적으로 읽어내는 것을 뜻한다. 이 관조의 눈이 오랫동안 제3의 눈 혹은 심안이라 불렸던 태도다. 그것은 명상의 눈이며 지혜의 눈이다. 이 말없이 바라봄은 뒤에 나오는 마음으로 본다는 것과 상통한다.

사랑의 기술

이어서 여우가 제안하는 또 하나의 관계 기술은 '올바른 의식ritual'이다. 우리 일상사에 전형적인 의식은 축제와 제사다. 우리에게 축제와 제사는 무슨 의미가 있는가? 그것들은 일차적으로 비일상적 금기 위반의 시간들이다. 에고가 만들어낸 환상적 세계를 지키기 위해 사회적으로 설치된 온갖 금기들을 일시적으로 무력화시키는 시공간이 축제와 제사다. 이것은 죽음을 삶의 시간으로 끌어들이고 이성의 경계를 무너뜨린다. 일상에서 분리되어 있던 모든 감성과 규범을 섞어버린다. 그리하여 합리적으로 분할되어 있던 에고는 일시적으로 거대한 총체적 세계와의 합일을 경험한다. 원시시대부터 지금까지 이러한 의식들이 어떤 합리적 억압에도 불문하고 지속되어왔던 것은 인간 내면의 가장 심층에 전체적holistic, 보편적universe 영적 의식에 대한 본성적 회고가 있었기 때문이다. 물질 자연과의 미분화 상태에서 반인반수적 의식을 거쳐 바야흐로 세계와 분리된 인간 자의식이 방향 지워진 바는 실로 진화된 수준에서의 세계와의 재결합이며 이 재결합 상태에 대한 표현이 기독교의 성령 임재, 불교의 일체동체, 유교의 천인합일, 동학의 인내천 등으로 나타났다.

물론, 디오니소스적 광란의 축제도 이와 유사한 의식으로 역사에 늘 있어왔다. 그러나 이것은 '올바른' 의식이 아니다. 이 올바름의 기준은 작금을 기준으로 진화의 역사를 거슬러 올라가느냐 전진하느냐의 차이이다. 세계와의 합일은 두 가지 방향이 있고, 그 하나는 전의식적 함몰이다. 즉 분리 의식 이전으로 되돌아가는 길이다. 이 방향이 형이상학적으로는 존재 망각이요 현실적으로는 각종 쾌락에 대한 탐닉과 중독이며 병증으로는 편집적 혹은 과대망상적 신경증이다. 에고는 이 과정에서 한껏 부풀어지고 자신의 분리되고 유한하고 고립된 자의식을 일시적으로 해소한다.

다른 방향은 진화의 순방향을 향해 개체 자의식을 벗어버리는 길이다. 개체를 개체 이전 세계로 퇴행시키는 것이 아니라 개체 분열의 끝에서 에고를 해체시켜버리는 방향인 것이다. 이것이 분리, 통합으로서의 초월이다. 자의식의 무한 확장이 아니라 자의식의 해체이며 자기 자신이 자유로워지는 것이 아니라 자기라는 울타리로부터 자유로워지는 것이다. 어린 왕자는 밀밭이며 밀밭을 춤추게 하는 바람 속으로 사라진다. 어린 왕자는 어린 왕자를 어린 왕자이게끔 하는 모든 것이다. 여우가 말하는 마음의 눈은 어린 왕자를 인드라망의 세계 – 내 – 존재로 보게 만드는 마음의 눈, 영혼의 눈인 것이다.

'어느 하루를 다른 하루와 다르게 만드는' 이 의식은 일상에서 어떻게 나타나는가? 이 대목도 여우의 지혜가 돋보이는 부분이다. 여우는 "아무 때나 춤을 추면, 하루하루가 모두 똑같이 되어버리잖아. 그럼 난 하루도 휴가가 없게 될 거고"라고 말한다. 우리네 범인들이 늘 겪는 일이 어떤 새로운 깨달음을 가졌다 하더라도 꿈쩍 않고 굴러가는 변치 않을 것 같은 현실의 벽 아니던가? All or None 논리에 익숙한 범인들은 얼핏 스쳐간 깨달음과 육중한 현실 사이에서 쉽게 현실을 도피하거나 체념해버리곤 한다. 여우는 슬퍼도 그렇게 하지 말아달라고 부탁한다. 어느 하루를 다른 하루와 다르게 만드는 그 시공간. 그것은 이 암울한 현실 속에서도 당장 목전의 물신 논리에 짓눌리지 않고 비계산적이고 초합리적이며 전일

적인 눈과의 관계를 잊지 말아달라는 부탁이다. 늘 그럴 수
없다 해도 잊지는 말아달라는 부탁이다. 설사 그것이 어린
왕자의 말처럼 '마음을 아프게만 한 것'이라 할지라도 여우
는 우리가 얻는 이득이 있다고 강변한다. 그 이득이란 다름
아니라 밀밭 색깔의 의미를 알게 되고 그를 통해 고유하고 영
원한 존재성의 회복을 일깨우고, 마음으로 보는 눈이 뜰 것
이라고 말한다. 이것이 여우의 최대 비밀이었다. 그 마음의
눈이 뜨이면 비로소 인간은 분리 의식에서 오는 두려움과 외
로움을 이겨낼 것이며, 이 공포의 극복은 온갖 환상에 기초
한 탐욕을 공空으로 돌릴 것이며, 그 평안 속에서야 우주를
방황하며 괴로워하는 영혼이 구원을 얻게 될 것이라는 약속.
그 구원은 나의 외부 어딘가에 있는 것이 아니라는 약속. 그
래서 여우는 말한다.

"네 장미꽃을 그토록 소중하게 만드는 건 그 꽃을 위해 네
가 소비한 그 시간이란다."

내 인생이 이토록 소중한 이유는 내가 사랑하는 모두를 위
해 내가 들인 실존적 관계의 초시간적 영원성 때문이다. 지
금, 여기, 나의 실존이 개체 한계를 넘어 세상과 합일하는 순
간, 거기에는 있는 그대로(妊妊=tatata)의 진리가 빛난다.

THE LITTLE PRINCE

CHAPTER 22

있는 그대로

"안녕." 어린 왕자가 말했다.

"안녕." 철도의 전철수(전철을 조정하는 사람)가 말했다.

"여기서 뭘 하고 있어?" 어린 왕자가 물었다.

"한 꾸러미에 천여 명씩 되는 기차 손님들을 꾸러미별로 가려 내고 있어. 그들을 싣고 가는 기차들을 어느 때는 오른쪽으로, 어느 때는 왼쪽으로 보내는 거지." 전철수가 말했다. 그때 불을 환히 밝힌 급행열차 한 대가 천둥처럼 소리를 내며 조종실을 뒤흔들었다.

"저 사람들은 몹시 바쁘군. 그들은 뭘 찾고 있지?" 어린 왕자가 물었다.

"기관사 자신도 몰라." 전철수가 말했다.

그러자 이번에는 반대 방향에서 두 번째 불을 밝힌 급행열차가 소리를 냈다.

"그들이 벌써 되돌아오는 거야?" 어린 왕자가 물었다.

"아까와 같은 사람들이 아니지. 두 기차가 서로 엇갈리는 거야."

"그들은 있던 곳에서 만족하지 않았나 보지?" 어린 왕자가 물었다.

"사람들은 그들이 있는 곳에서는 언제나 만족하지 않는단다." 전철수가 말했다.

그러자 세 번째의 불을 밝힌 급행열차가 우렁차게 달려왔다.

"저 사람들은 먼젓번 승객들을 쫓아가고 있는 거야?" 어린 왕자가 물었다.

"그들은 아무도 쫓아가고 있지 않아. 그들은 저 속에서 잠을 자거나 아니면 하품을 하고 있어. 오직 어린아이들만이 유리창에 코를 바짝 대고 있을 뿐이지." 전철수가 말했다.

"어린아이들만이 자신이 무엇을 찾고 있는지를 알고 있어." 어린 왕자가 말했다.

"그들은 누더기 같은 인형을 찾느라 시간을 허비하지. 그것은 그들에겐 아주 중요한 게 되거든. 그래서 사람들이 그것을 빼앗아가기라도 하면 어린아이들은 울지……."

"아이들은 행복하군." 전철수가 말했다.

———

▲ ▲ ▲
바쁘고 몽롱한 삶

정신적 성숙에 관심을 가져본 사람이라면 흔히 듣게 되는 표현 중에 '있는 그대로가 진리' 라는 말이 있다. '중생이 부처' 라는 말도 있다. 그러나 이런 언명들이 제대로 이해되지 않으면 '좋은 게 좋은 거다' 는 가장 두루뭉술하고, 대충 살자는 식의 저잣거리 논리가 되기도 쉽다. 있는 그대로가 진리라면 따로 구하거나 수행하는 이유가 무엇인가? 중생이 부처라면 왜 번잡한 계율이 필요한가? 그러니 문자 그대로 이해할 수는 없는 노릇이다.

21장 이후 어린 왕자는 '마음의 눈' 을 얻었다. 그리고 그 눈으로 다시 보는 세상사가 이후로 펼쳐지는 얘기들이다. 그

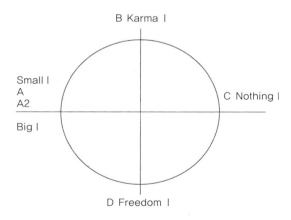

첫 대목인 이 장에서 어린 왕자는 세상 사람들이 다만 분주할 뿐 눈 뜬 장님, 청맹과니와 같다고 한다. **표면의 분주한 변화 추구와는 달리 내면이 깊이 잠들어 있는 상태**라는 지적도 하고 있다. 그리고 오직 어린아이들의 소박한 눈이 필요하다고 암시한다. 어린 왕자의 얘기를 마음으로 들으면 있는 그대로가 진리라는 언명을 되새겨볼 수 있을 듯하다. 앞의 표는 작고하신 숭산 스님이 서구인들에게 선불교적 깨달음을 전달하기 위해 사용했던 비유다.

A－B－C－D－A2의 순서로 진행되는 그림이다. 소아small 는 우리의 일상적 자의식－에고다. 여기서 90도 지점에 이르기까지는 어린 왕자가 그랬고 우리 모두가 보편적으로 겪는 '업보'를 치르는 과정이다. 출생 외상부터 시작하여 사회화 과정에 주어지는 불가피한 억압과 상처, 언어 논리와 계량화에 의해 형성되는 온갖 선입관과 통념적 의식의 고착, 두려움, 외로움 등의 감정과 다양한 욕구로 인한 괴로움 등이 이 구간에서 겪어야 하는 것들이다. 이 모든 것들은 일체개고一切概苦를 벗어나지 못한다. 세상과 분리된 개체적 자의식을 전제로 시도하는 모든 일들은 괴로움을 가중시킨다. 탐욕의 형태를 변환해가며 여러 시도를 바꾸어 하더라도 근본적으로 동일한 불만족에 시달리는 단계다. 어린 왕자가 자기별을 떠나 지구에 오기까지 여정이 바로 이 영역이다.

형태 **변환**translation된 동일한 공허의 반복이라는 경험과 자각이 지겨울 만큼 충분해지면 180도 지점인 B − C 구간으로의 질적 **변용**-transformation이 일어난다. **변환이 동일한 단계의 수평적 형태 바꿈이라면 변용은 한 단계에서 모든 변환이 임계치에 도달해서 일어나는 수직적 상태 도약이다.** 여기서는 특정 욕구를 채움으로써가 아니라 그 욕구 자체의 공空함을 알고 욕구를 비움으로써 소아를 극복하는 과정이다. 그 결과 자의식이 공허하다는 제법무아와 모든 행위가 지속될 수 없다는 제행무상의 연기적 세계관을 체험하게 된다. 이 상태의 의식은 더 이상 사심이 없고 업보에 시달리지 않는다. 감정과 이성적 논리의 한계를 깨달아 관조적 통찰로 세상을 바라볼 줄 알게 된다. 불교에서는 이 지점을 일차적 깨달음이라 한다.

이 구간의 상태가 내적으로 무르익으면 흔히 이사무애, 사사무애 혹은 종심소욕불유구從心所欲不踰矩라고 하는 270도 지점을 향한 C − D 구간의 삶이 전개된다. 여기서 행동하는 주체는 이미 개별 자아가 아니다. 이 구간의 주제는 천명天命이 내재화되고 경험하는 대상 모두와 일체감을 느끼는 상태이므로 원수를 사랑하고 무주상보시가 행해질 수 있는 경지가 된다. 대승불교의 보살의 경지가 바로 이곳이다. 일체 구속으로부터 벗어났다고 하여 freedom I를 쓴다.

마지막 360도 구간은 지나온 과정 전체를 포괄하여 긍정할 수 있는 상태가 된다. 일체의 차별과 다툼을 떠나고 온 우주의 생태와 공명되어, **'있는 그대로'** 모든 것에서 살아 움직이는 영과 조우하는 수준이 된다. 이를 **妊來**, '있는 그대로 오는 자' 라고 한다. 예수가 '나는 길이고 진리요 생명이다' 고 말한 그 상태일 것이다. 다른 표현으로 모든 구도자가 찾으려 했던 진아眞我 – Big I 다.

그러므로 '있는 그대로' 라는 말은 '눈의 변화'를 전제했을 때만 의미가 있는 것이다. 내적 변용이 없는 상태에서 있는 그대로라는 말은 환경과 자아가 분리된 상태에서 환경에 대한 굴복이나 적응일 뿐이다. 이 차이는 대단히 중요하다. '있는 그대로' 란 전 오식(안이비설신)의 감각과 논리적 의식, 감성과 욕망, 집단무의식이나 밈mime적 원형 모두가 일으키는 착시 현상을 넘어 존재 본성을 자각함을 의미한다. 그것은 온전한 깨달음의 다른 말이지 '주어진 대로' 이거나 '되는 대로' 가 아닌 것이다. 마찬가지로 중생이 부처라고 할 때의 의미는 중생 속에 불성의 씨앗이 있다는 말이지 현 상태 그대로의 중생이 문자 그대로의 부처가 아님은 말할 것도 없다. 탐욕조차 신성의 왜곡된 표출이라 말할 수는 있지만, 탐욕이 신성이라고 단순 등치시킬 수 없는 것과 같다.

사람들은 그들이 있는 곳에서 언제나 만족할 줄 모른다고 한다. 그들이 있는 곳에 있게 된 그 인연의 의미를 모르고 그 자리에서 부여된 천명을 모르고 사회화의 요구가 닦달하는 힘에 떠밀려 산다는 말이다. 그러므로 그들은 열심히 가면서도 그들이 어디를 향해 왜 가는지 모른다고 한다. 그러니 그들은 분주하면서도 하품을 한다고 한다. 바로 이 심신은 분주하고도 궁극적 지향은 몽롱한 상태를 일상의 의식으로 보고 거기에서 깨어남을 깨달음이라 일컫는 것 아닐까.

아이들은 어떤가? 그러나 여기서 주의할 것은 이 아이는 출발 지점의 그 아이가 아니다. 다만 원주의 출발점으로 의식의 여정이 돌아왔을 때, 아이 외에는 달리 은유할 데가 없는 것뿐이다. 이 아이는 열정을 가지고 있다. 우주의 흐름이 곧 그의 삶이다. 세계를 비이원적으로 느끼는 아이는 먼 곳으로 갈 필요가 없다. 그의 곁에 있는 누더기 인형(물론 이 누더기 인형은 세속의 눈으로 보았을 때 그렇다는 말이다)이 그에게는 중요하다. 예수님이 가장 작은 자에게 한 일이 가장 큰 자에게 한 일과 같다고 한 말과 상통한다. 사회적으로 조장된 동기와 목적이 아닌 열정이 아이에게 있다. 어른을 몽롱하게 만드는 번뇌와 기성품 선입관이 아이에게는 없다. 그래서 아이는 가장 사소하고 가까운 것에 정성을 들인다. 모든 순간을 초시간적으로 영원하고 고유한 경험으로 여긴다. 그래서 그는 늘 행복하다. 사실, 사람들은 이 아이에게 그 누더기 인형을 앗아갈 수조차 없다. 그 인형은 특정 물건이 아니기 때문에. 그 인형은 '지금, 여기'의 다른 상징일 뿐이다.

CHAPTER 23

시간의 감옥

"안녕." 어린 왕자가 말했다.

"안녕." 장사꾼이 말했다.

그는 갈증을 풀어주는 새로 나온 알약을 파는 사람이었다. 일 주일에 한 알씩 먹으면 마시고 싶은 욕망을 영영 느끼지 않게 되는 약이었다.

"왜 그런 걸 팔아?" 어린 왕자가 말했다.

"그건 시간을 굉장히 절약하게 해주거든. 전문가들이 계산을 해보았어. 매주 오십삼 분씩 절약된다는 거야." 장사꾼이 말했다.

"그 오십삼 분으로 뭘 하지?"

"하고 싶은 걸 하지……."

'만일 나에게 마음대로 쓸 수 있는 오십삼 분이 있다면 맑은 샘을 향해 천천히 걸어갈 텐데' 하고 어린 왕자는 생각했다.

———

▲ ▲ ▲

다시 '소외된 시간' 얘기가 나온다. 소유의 대상이자 효율성의 잣대로서 시간이라는 관념은 근현대 문명에 고유한 사태다. 사실 시간은 존재 자체와 구분될 수 없다. 변화 단위로서의 시간은 경험 자체고 기억과 기대로 지각되는 시간은 의식 자체다. 그러므로 시간을 존재와 분리하여 물건처럼 다룰 수 있는 방법은 없다. 역사적으로 삶과 죽음이라는 시간의 장 안에서 느끼는 공포와 집착이 인간 문명을 이끌어왔고, 그 의식 자체가 하나의 불가피한 환상이라는 점에서 인간은 스스로 자기 소외를 초래해왔지만 그것을 아끼고 모으고 다룰 수 있는 대상으로 삼은 문명은 없었다.

환경과 분리 구별이 없었던 원시 시대 이래 의식 발전에 따라 점차 분리된 개체로서 자의식이 발생하고 그에 따라 유한성에 대한 자각이 일어났다. 이 유한성 자각은 무한성 추구라는 반작용을 일으켜 필멸의 운명에 맞서는 축적 의식을 촉진했다. 그로부터 소유욕과 권력욕을 비롯한 경쟁적 탐욕이 발생하고 온갖 기록 문화와 신화─신학적 무한성 논리가 만들어졌다. 이 탐욕과 논리의 융합이 시스템을 구축하고 체제를 형성해온 것이 인간의 역사다. 이 모든 과정이 불가피한 영적 진화의 역사였다고 하더라도 동시에 그것은 자아 분리 촉진 과정으로서 신경증적 고통을 동반하는 것이었다. 그리고 그 절정에 오늘날의 화폐─기술 문명이 존재한다. 모든 가치의 최고 추상화로서의 화폐, 모든 세계의 의미와 가치 탈색으로서의 기술의 결합이 근대 문명의 어두운 면이다. 그 정점의 정점에 아끼고 관리해야 할 자산 개념으로서 존재에서 분리된 시간이 나타난다.

기억에 대한 집착으로서 과거와 욕구 성취에 대한 기대로서의 미래만 존재하는 인간에게 살아 움직이는 현재는 늘 점으로 스쳐지나가 버린다. 그래서 우리는 삶을 생생하게 살아내지 못하고, 우둔해진 삶은 다시 필연적인 죽음 앞에서 주눅 들어버리는 악순환을 반복한다. 이 근본 불안에 맞서 필사적인 존재 망각만이 위안이 되는 삶은 이미 극히 공허하다. 그래서 현대인은 시간을 아끼고 축적해야 한다. 그 시간의 축적은 식량이나 여타 물질이 그러한 것처럼 축적 양에 비례한 삶을 보장해줄 것이라 기대하면서. 그러나 그 삶은 무엇을 위한 것인가? 이미 나날의 일상이 소외 자체가 된 현대인에게 축적된 시간은 무엇을 의미할 수 있는가? 아마도 그 시간은 화폐량으로 환원되는 또 다른 생산─축적의 바탕이 되든지(이른바 자기 계발) 권태로부터의 도피인 존재 망각의 중독(이른바 여흥과 레저)이 될 터다.

그래서 어린 왕자는 말한다. "천천히 샘을 향해 걸어가겠다"고. 일체의 대리 기제에 대한 의존을 떠나서 현재를 온 존재로 살아내는 것. 그것만이 시간의 감옥에서 벗어나는 길이라고.

THE LITTLE PRINCE

CHAPTER 24

여기에 있는 '저 너머'

사막에서 비행기가 고장을 일으킨 지 여드레째 되는 날이었다. 나는 비축해두었던 물의 마지막 남은 한 방울을 마시며 장사꾼에 대한 이야기를 듣고 있었다.

"네 체험담은 참 아름답구나. 하지만 난 아직도 비행기를 고치지 못했어. 마실 거라곤 없고, 샘을 향해 천천히 걸어갈 수만 있다면 나도 정말 행복하겠다!"라고 말했다.

"내 친구 여우는……." 어린 왕자가 말했다.

"꼬마 친구야, 여우 이야기를 할 때가 아냐."

"왜?"

"목이 말라 죽게 되었으니까 말야……."

어린 왕자는 내 말을 알아듣지 못하고 이렇게 말했다.

"죽어간다 할지라도 한 친구를 가지고 있었다는 건 좋은 일이야. 난 여우 친구가 있었다는 게 기뻐……."

'위험이 어느 정도인지 짐작을 못 하는군' 하고 나는 생각했다. 그는 배고픔도 갈증도 느끼지 않았다. 햇빛만 조금 있으면 그에겐 충분했다. 그런데 그가 나를 바라보더니 내 마음을 안다는 듯 이렇게 대답하는 것이었다.

"나도 목이 말라……우물을 찾으러 가……."

나는 소용없다는 몸짓을 했다. 광활한 사막 한가운데에서 무턱대고 우물을 찾아 나선다는 건 터무니없는 짓이기 때문이다. 그런데도 우리는 걷기 시작했다. 몇 시간 동안을 말없이 걷고 나니 해가 지고 별들이 불을 밝히기 시작했다. 심한 갈증으로 나는 열이 조금 나고 있었으므로 그 별들이 마치 꿈속에서처럼 시야에 들어왔다. 어린 왕자의 말이 내 기억 속에서 춤을 추고 있었다.

"너도 목이 마르니?" 내가 물었다.

하지만 그는 내 물음에 대답하지 않고 그저 이렇게만 말했다.

"물은 마음에도 좋은 것일 수 있는데……."

나는 그의 대답을 이해하지 못했으나 잠자코 있었다……. 그에게 질문해서는 안 된다는 것을 나는 알고 있었다. 그는 지쳐 있었다. 그는 주저앉았다. 나도 그의 곁에 앉았다. 그러자 잠시 침묵을 지키던 그가 다시 입을 열었다.

"별들은 아름다워. 보이지 않는 한 송이 꽃 때문에……."

나는 "그렇지" 하고 대답하고는 말없이 달빛 아래서 주름처럼
펼쳐져 있는 모래 언덕들을 바라보았다.

"사막은 아름다워." 그가 다시 말했다.

그것은 사실이었다. 나는 언제나 사막을 사랑해왔다. 사막에
서는 모래 언덕 위에 앉으면 아무것도 보이지 않는다. 아무 소
리도 들리지 않는다. 그러나 무엇인가 침묵 속에서 빛나는 것
이 있는 것이다.

"사막이 아름다운 것은 그것이 어딘가에 샘을 숨기고 있기 때
문이지……." 어린 왕자가 말했다.

사막의 그 신비로운 빛남이 무엇인지를 나는 문득 깨닫고 흠
칫 놀랐다. 어린 시절 나는 해묵은 낡은 집에서 살고 있었다.
그런데 전해오는 이야기에 따르면 그 집에는 보물이 감춰져
있다는 것이었다. 물론 그것을 발견한 사람은 아무도 없었고,
그것을 찾으려고 하는 사람도 아마 없었을 것이다. 우리 집은
저 가장 깊숙한 곳에 보물을 감추고 있는 것이었다…….

"그래. 집이건 별이건 혹은 사막이건 그들을 아름답게 하는
건 눈에 보이지 않는 법이지!" 내가 어린 왕자에게 말했다.

"아저씨도 내 여우하고 같은 생각이어서 기뻐." 그가 말했다.

어린 왕자가 잠이 들었으므로 나는 그를 안고 다시 걷기 시작
했다. 나는 감동받았다.

부서지기 쉬운 보물을 안고 가는 느낌까지 들었다. 마치 이 지
구에는 그보다 더 부서지기 쉬운 게 없을 것 같은 느낌마저 들

었다. 창백한 이마, 감겨 있는 눈, 바람결에 나부끼는 머리칼을 달빛 아래에서 바라보며 나는 생각했다.

'내가 지금 여기서 보고 있는 건 껍질뿐이야. 가장 중요한 건 눈에 보이지 않아……'

반쯤 열린 그의 입술이 보일 듯 말 듯 미소를 띠고 있었으므로 나는 또 생각했다. '이 잠든 어린 왕자가 나를 이토록 몹시 감동시키는 것은 꽃 한 송이에 대한 그의 성실성, 그가 잠들어 있을 때에도 램프의 불꽃처럼 그의 마음속에서 빛나고 있는 한 송이 장미꽃의 모습이야……' 그러나 그가 더욱 부서지기 쉬운 존재라는 짐작이 들었다. 램프의 불은 잘 보호해주어야 한다. 그것은 한 줄기 바람에도 꺼질 수 있는 것이다.

그리하여 그렇게 걸어가다가 나는 동이 틀 무렵에 우물을 발견했다.

▲ ▲ ▲

생명수를 찾아

이제 새로운 존재가 된 어린 왕자는 더 이상 갈급에 시달리지 않는다. 그래서 그는 '배고픔도 갈증도 느끼지 않고 약간의 햇빛만으로 충분' 히 행복할 수 있는 존재가 되었다. 물론 이 배고픔과 갈증은 마음 내면의 상태고 분리된 개체 자의식에 둘러싸여 있을 때 느끼는 두려움, 공포, 집착 등의 은유다. '약간의 햇빛'은 의식의 고양에 따라오는 지혜다. 그 지혜는 데이터 지식의 축적과 같은 양적 기준을 따르는 것이 아니다. 그러니 많고 적은 것이 문제가 될 리는 없다.

그런데 그렇게 약간의 햇빛만으로도 충분한 어린 왕자가 자기도 목이 마르다고 물을 찾으러 가자고 나섰다. 이미 탐욕의 경계를 가로질러 안식에 도달한 이에게 왜 또 새로운 물이 필요한가? "그가 나를 바라보더니 내 마음을 안다는 듯 이렇게 대답하는 것이었다"는 대목에서 그 이유를 짐작할 수 있다. 자비심의 발로다. 일찍이 『유마경』의 유마 거사는 문수보살의 병문안을 받아 "생사를 초월한 도인도 병에 걸리느냐?"는 질문에 "'중생이 아프니 내가 아프다"고 답했다. 나─너─우리의 대립 분별이 사라진 이에게 친구의 문제는 곧 자기 문제다. 일체 중생을 제도하기 전에는 극락에 가지 않겠다는 대승 불교의 보살심이 이것이다. 모든 깨우친 현자의 길은 그 깨우침으로 '우리 모두'의 갈증을 풀어주는 길을 끝없이 가는 것이다. 그것은 더 가진 사람이 덜 가진 사람에게 베푸는 위계적 시혜가 아니다. 한층 성숙한 정신이 아직 고통스러운 또 다른 자신과 함께하는 마음이다.

화자는 사막 한가운데 물을 찾는 일이 터무니없다고 느낀다. 그렇다. 이 세계는 의식 성장의 정도만큼 정의되는 세계다. 이 탐욕스럽고 이기적인 적자생존의 사회에 영혼의 구원을 운운하는 것은 철 지난 전근대 소아적 발상일 뿐이라는 불유쾌한 생각이 현대인의 내면에는 분명히 깔려 있다. 그 황량한 허무주의가 우리의 의식 진화 발목을 결정적으로 늘 붙들고 있다. 그러나 '말없이 걷고 나니' '해가 지고 별들이 불을 밝혔다'. 언어가 의식을 역규정하고 그 본성이 세계 분리라는 점은 앞서 보았다. 1, 2, 3인칭 나, 너, 우리의 철저한 분리에서 출발하고 인과적 합리성을 벗어나지 못하는 언어는 우리 정신의 도약을 가로막는다. 언어는 미분화된 의식이 분화되는 촉진제가 되기도 하지만 그 분화된 의식이 다시 통합되는 데에는 초언어적, 관조적 이해가 반드시 필요하다. 그래서 '말없이 걷는다'는 것은 곧 이성의 눈이 아닌 관조의 눈으로, 수행적 시각으로 세상을 다시 봄을 의미한다.

그러자 별이 떠올랐다! 여기서 중요한 점은 원래부터 별은 거기에 있었다는 것이다! 밤이나 낮이나 별은 늘 떠 있지만, 눈을 부시게 하는 전일적 태양이 있는 동안은 우리에게 보이지 않을 뿐이다. 동물적 생존욕과 거기에 기초한 공포의식, 다시 거기에 기초한 축적의식, 다시 거기에 기초한 지배적, 도구적 시각의 환상이 너무나 강력해서, 우리 내면에 늘 존재하나 잠자고 있던 영성, 불성을 우리가 보지 못했던 것뿐이라는 모든 고전의 가르침이 여기서 다시 나타난다. 유교에서라면 칠정의 난리를 가라앉히면 사단의 본성이 발휘된다고 할 것이고, 불교에서라면 색이 공함을 안다면 무상정등 각에 오른다고 표현할 것이다. 물론 칠정을 잠재우는 중용과 색즉시공의 깨달음은 결코 금욕적이고 의식적인 억압으로 이루어지는 것은 아니다. 그 과정이 규범화된 도덕적 억압이 될 때 프로이트 식 무의식의 퇴행이 일어나고 그 잠재된 무 의식은 다시 이성의 가면을 쓴 합리성의 위선으로 돌변할 것 이다.

침묵 속에서 빛나는 것

그 별들은 마치 꿈속에서처럼 느껴졌다고 한다. 이러한 의식 상태를 기독교 신비주의에서는 '정묘 상태'라 칭한다. 신성 과의 심령적인 일체를 느끼는 상태인데, 실제 명상에 몰두한 수행자의 뇌파는 '꿈꾸는 상태'의 뇌파인 세타파를 기록한 다. 명상은 심신의 불안정을 가라앉히는 데 기본 의의가 있 다. 그 상태에서 우리 정신은 더욱 미묘한 기운의 흐름을 감 지하며 그 미묘한 기운의 흐름 속에서 외부와 내부를 움직이 는 에너지의 일체감을 지각하는 것이다.

어린 왕자는 드문드문 깨우친 자의 의식을 드러내는 말을 한다. "물은 마음에도 좋다." 그렇다. 우리에게 필요한 양식 은 몸의 양식만이 아니다. 유물론적 시각에 사로잡힌 우리는 몸을 '육체'로, 유기물 덩어리로 이해한다. 그래서 몸에 병이 나면 그 기능 장애의 불편에 대한 두려움으로 온갖 호들갑을 떨지만, 정작 몸의 내면인 정신에 병이 나는 것에 대해 얼마나 무감각한가. 양식은 몸에만 필요한 것이 아니다. 아니, 오히려 지금 우리에게 절실히 요청되는 양식은 더 이상 과학기술적인 물리적 도구 확장이 아니라 갈갈이 찢겨진 정신을 모아줄 수 있는 마음의 양식이다.

이어서 이어지는 말들은 어린 왕자 전체의 소결론이다.

"별들은 아름다워. 보이지 않는 한 송이 꽃 때문에……",

"무엇인가 침묵 속에서 빛나는 것",

"사막이 아름다운 것은 그것이 어딘가에 샘을 숨기고 있기 때문이지……."

다 같은 말들이다. **언어를 초월하는 세계. 즉 자신과 자연과 사회의 이분법적 적대 분리가 사라진 의식 상태의 실감. 그 형언할 수 없는, 그래서 침묵 속에 존재하는 그 상태가 이 황량한 불모의 사막과도 같은 세상에, 우리가 바라봐야 할 꽃이고 샘이라고 말한다.** 그 세계는 어떤 상상의 세계이거나 주관적 바람의 목표가 아니다. 그 세계는 우리의 의식 변화에 의해 '발견될', '있는 그대로 실재'하는 세계다. 일단 그 의식의 지평은 한번 발견되고 나면 결코 잊힐 수 없다. 그래서 '어린 왕자가 잠들어 있을 때에도 그의 마음속에 빛나는 한 송이 장미꽃'이라고 표현한다. 깊은 잠, 꿈꾸는 상태, 일상 의식, 이것이 흔히 인간이 경험하는 의식의 세 수준이다. 이 모든 수준을 가로질러 여여한 초월의식의 발견이 가능하며 그 의식 상태의 실존이 나를 무한히 감동시킨다고 화자는 고백한다. **그 의식을 통해 드디어 생명의 근원인 샘이 발견된다.**

CHAPTER 25

더 깊게, 더 높게

"사람들은 급행열차에 올라타지만 그들이 찾으러 가는 게 무엇인지 몰라. 그래서 초조해 하며 제자리에 맴돌고 있어……." 어린 왕자가 말했다.

그리고 그는 다시 말을 이었다.

"그래도 소용없는데……."

우리가 찾아낸 우물은 사하라의 우물과는 달랐다. 사하라의 우물은 그저 모래에 파놓은 구멍 같은 것이다. 그런데 그 우물은 마을에 있는 우물과 흡사했다. 그러나 그곳에 마을이라곤 없었다. 그리하여 나는 꿈을 꾸고 있는 게 아닌가 싶었다.

"이상하군." 내가 어린 왕자에게 말했다. "모든 게 갖추어져 있잖아. 도르래, 물통, 밧줄……."

그는 웃으며 줄을 잡고 도르래를 잡아당겼다. 그러자 도르래는 바람이 오랫동안 잠을 자고 있을 때 낡은 풍차가 삐걱대듯 그렇게 삐걱거렸다. "아저씨 들어봐. 우물을 깨웠더니 그가 노래를 불러……." 어린 왕자는 말했다. 나는 그에게 힘든 일을 시키고 싶지 않았다.

"내가 할게. 너에겐 너무 무거워."

나는 천천히 두레박을 우물 둘레의 돌까지 들어올렸다. 나는 그것을 돌 위에 떨어지지 않게 올려놓았다. 내 귀에는 도르래의 노랫소리가 아직도 쟁쟁하게 울렸고, 아직도 출렁이고 있는 물속에서는 햇살이 일렁이는 게 보였다. "이 물을 마시고 싶어. 물을 좀 줘……." 어린 왕자가 말했다. 그러자 나는, 그가 무엇을 찾고 있었는지 깨달았다.

나는 두레박을 그의 입술로 가져갔다. 그는 눈을 감고 물을 마셨다. 축제처럼 즐거웠다. 그 물은 보통 음료와는 다른 어떤 것이었다. 그것은 별빛 아래에서의 행진과 도르래의 노래와 내 두 팔의 노력으로 태

어난 것이었다. 그것은 마치 선물을 받았을 때처럼 마음을 기쁘게 하는 것이었다. 내가 어린 소년이었을 때는 크리스마스 트리의 불빛과 자정 미사의 음악과 사람들의 미소의 부드러움이 내가 받는 선물을 마냥 황홀한 것으로 만들어주었었다.

"아저씨 별의 사람들은 한 정원 안에 장미꽃을 오천 송이나 가꾸지만 그들이 찾는 것을 거기서 발견하지는 못해……." 어린 왕자가 말했다.

"그럴지도 모르지……."

"그렇지만 그들이 찾는 것은 꽃 한 송이나 물 한 모금에서도 발견될 수 있는 건데……."

"물론이지." 내가 대답했다.

그러자 어린 왕자는 덧붙였다.

"그러나 눈으로는 보지 못해. 마음으로 찾아야 해."

나도 물을 마시고 난 후였다. 숨결이 가벼워졌다. 해가 돋으면 모래는 꿀 빛깔을 띤다. 나는 그 꿀 빛깔에도 행복했다. 괴로워할 필요가 어디 있겠는가…….

"약속을 지켜줘야 해." 어린 왕자가 내게 살며시 말했다. 그는 다시 내 옆에 앉아 있었다.

"무슨 약속?"

"약속했잖아……양에게 굴레를 씌워준다고……난 그 꽃한테 책임이 있어!"

나는 끄적거려두었던 그 그림을 주머니에서 꺼냈다. 어린 왕자는 그림들을 보고 웃으며 말했다.

"아저씨가 그린 바오밥나무들은 뿔 비슷하게 생겼어……."

"아, 그래!"

나는 바오밥나무 그림에 대해 몹시 자랑스럽게 생각하고 있었는데!

"여우는 귀가 뿔 같아……너무 길어!"

그리고 그는 또 웃었다.

"너는 너무 심하구나. 나는 속이 보이거나 안 보이거나 하는 보아 구렁이밖에 못 그린다니까."

"아냐. 괜찮아, 아이들은 알고 있으니까." 그가 말했다.

그래서 난 연필로 굴레를 그렸다. 그 굴레를 어린 왕자에게 주면서 가슴이 미어지는 느낌이었다.

"네가 무슨 계획을 가지고 있는지 모르겠구나……."

그러자 어린 왕자는 그 말에는 대답하지 않고 이렇게 말했다.

"내가 지구에 떨어진 지도……내일이면 일 년이야……."

그러고는 잠시 묵묵히 있던 그가 다시 말을 이었다.

"바로 이 근처에 떨어졌어……."

그는 얼굴을 붉혔다. 그러자 왠지 모르게 나는 또다시 야릇한 슬픔이 솟구쳤다. 그런데도 한 가지 의문이 떠올랐다.

"그럼 일주일 전 내가 너를 알게 된 날 아침에 사람 사는 고장에서 수천 마일 떨어진 여기서 네가 혼자 걷고 있었던 것은 우연이 아니구나. 떨어진 지점으로 돌아가고 있었니?" 어린 왕자는 다시 얼굴을 붉혔다. 그래서 머뭇거리며 나는 말을 이었다.

"아마 일 년이 다 되었기 때문에 그런 거겠지……?"

어린 왕자는 또 얼굴을 붉혔다.

그는 묻는 말에 결코 대답하진 않았으나 얼굴을 붉힌다는 것은 그렇다는 뜻이 아닌가?

"아! 난 두려워져."

그런데 그는 이렇게 대답하는 것이었다.

"아저씨는 이제 일을 해야 해. 아저씨 기계로 돌아가. 난 여기서 아저씨를 기다리고 있을 테니 내일 저녁에 돌아와."

하지만 나는 안심이 되지 않았다. 여우 생각이 났다. 길들여졌을 때 좀 울게 될 염려가 있는 것이다.

▲ ▲ ▲

의식의 고향

화자와 어린 왕자가 찾아낸 우물은 분명히 외딴 곳의 우물이 아니라 마을 우물 같았으나 거기에 놀랍게도 마을은 없었다고 한다. 이는 그만큼 이 우물을 발견한 이가 적다는 뜻이다. 우물은 언제나 곁에 있었지만 눈뜬장님처럼 발견하지 못했다는 말이다. 성령이나 깨달음이 수도원이나 산속에 있는 것이 아니라는 말이다.

우물은 우리 마음의 가장 밑바닥, 아직 어떤 분리 의식이 발휘되기 전의 심층, 비이원적 초월의식의 상징이다. 그것은 우리 의식의 가장 심층과 만물의 근원에 잠들어 있다. 그것을 어떻게 알고 증명할 수 있는가라는 문제에서는 인과율을 떠난 체험적 수행이 요청된다. 그것은 형태적으로 발견되거나 대상적으로 다루어질 수 없는 정신의 한 수준이기 때문에 언어와 숫자의 논리 안에서 증명되지 않는다. 마야(환상)의 망상을 떨치고 생각을 떨치고 자아를 버리라는 숱한 종교의 요구는 맹목적 신앙 강요가 아니라 이 의식 상태에 접근하기 위한 불가피한 수행 요령이기도 했던 것이다.

분명 사막의 우물이 아니라 마을의 우물인데도 그토록 찾은 이가 적었다는 것은 깨달은 이가 적었다는 뜻이다. 근현대의 현자로 불리는 이들 중 데이비드 호킨스 박사 같은 이들은 인류 인구 전체의 80퍼센트는 아직 이성적 단계에도 도달하지 못했다고 말한다.(이것이 전근대적 종족 중심적 종교 근본주의가 그토록 끈질기게 남아 있는 이유가 될 것이다.) 반면 지역과 문화에 따라 사정에 차이는 있겠지만 이성을 넘어 초월의식에 들어선 이들은 1퍼센트에도 미치지 못한다고도 한다. 그러니 마을의 우물인데도, 즉 누구나 이용할 수 있고 드러나 있음에도 불구하고 사람을 찾아보기가 힘들다는 묘사가 나올 수밖에 없다.

그리고 그 우물에는 '이미' '모든 것'이 갖추어져 있다. 마음의 양식에 해당하는 생명수로서 갖출 것을 다 갖추었다는 뜻이다. 인간이 그토록 찾아 헤매던 생명의 의미와 가치, 유한자로서 갖는 고통과 분열의 통합에 필요한 모든 지혜가 이미 갖추어져 있고 누구든 '두드리면 열리고 구하면 얻을 것'이라는 말이다. 인생의 목적과 방향, 옳은 삶의 방법, 진선미의 궁극적 통합 열쇠가 거기 있더라는 말이다.

어린 왕자가 우물을 깨웠을 때 '그가' 노래를 부른다고 한다. 집착적 에고가 죽은 자리에서는 '살아 있는 영'이 나타난다. 초월의식을 알아차린 많은 이들은 흔히 자신을 제3자인 듯 칭했다. 20세기 정신세계에 가장 큰 영향을 미친 현자 중 한명인 크리슈나무르티는 말년에 그 자신을 늘 K라고만 했다. 담배 가게의 성자로 불리는 마하라지는 스스로는 태어난 적이 없다고도 했다. 그들의 정신이 불생불멸, 불감부증의 초월의식에 동화된 때문이다. 기독교에서 흔히 '내 안의 그리스도'라 표현하는 것도 이 때문이다. 그 의식은 '스스로 그러하게 존재하는' 자다. 그래서 이 의식을 마신 화자와 어린 왕자는 보통의 음료와는 다른 지복을 맛보았다고 말한다. 그 지복은 모든 기쁨과 사랑의 원천이라는 표현이 잇달아 나온다. 어린 시절 크리스마스 트리의 불빛과 자정 미사의 경건함, 기쁨, 따뜻한 사랑이 긴 여정을 지나 다시 살아났다. 한 때 스쳐지나 가버려 추억이 될 수밖에 없는 것이 아니라 영원성의 차원에서 부활한 것이다.

어린 왕자는 꽃을 '오천 송이나 기르는 사람들'이 거기에서 아무것도 찾을 수 없음을 안타까워한다. 단 한 송이 꽃, 한 모금의 물, 다른 어느 곳도 아닌 스스로의 심층 의식으로의 항해를 통해서만 얻을 수 있는 것을 끝없는 욕구 대체재들 속에서 찾아 헤매는 세상에 대한 안타까움의 표현이다. 그리고 그제야 '귀향'을 얘기한다. 양과 꽃과 바오밥나무와 여우와 보아 구렁이와 아이들에 대해 얘기한다. 이 모든 것들이 그의 여정이 아니던가. 이제 생명수를 찾은 어린 왕자의 고단한 여정은 끝났다. 그에게 비로소 영원한 안식이 깃들었다. 그 영원한 안식이 존재 근원으로의 귀향이다.

상구보리 하화중생(相求菩提 下和衆生)

아, 그러나 그 안식은 실로 두려운 것이기도 하다! 그것은 에고의 영원한 죽음이기도 하며 자칫 이 세상과의 실제적인 단절이 될 수도 있는 것이다! 세속적 탐욕이 끊겨버린 사람은 현세에서 그야말로 부적응자나 무능력자로 보이기 십상이다. 오죽하면 세간에 '할 일 없는 도인'이라는 표현이 있겠는가. 세상사에 대한 의욕을 놓아버린 상태의 사람들이 멀쩡한 정신으로 세상사에 다시 돌아오는 것이 오히려 더욱 어렵고 희귀한 일이다. 인도의 성자 라마나 마하라쉬는 대오각성

후 2년간을 정처없이 헤맸다고 한다. 사람들이 그의 깨달음을 눈치채고 아쉬람을 만들어 가르침을 청하기 전까지 그는 유령처럼 살았다고 한다. 가장 최근의 각자 중 한 명으로 일컬어지는 일본의 EO는 각성한 다음 해 명상 중 입적했다. 미국의 데이비드 호킨스 박사는 자신의 각성 경험을 주변 사람들과 나누기까지 30년이 걸렸다고도 한다. 그 30년 동안 꿀 먹은 벙어리처럼 지냈다는 말이다. 이 책의 저자 생텍쥐페리 자신도 『어린 왕자』를 쓴 다음 해 실종되지 않았던가! 보리수 아래서 깨우친 부처님이 며칠간 그 가르침을 말해야 할지 걱정했다는 경전의 대목은 이런 상태가 보편적 현상임을 말해준다. 불교의 유여열반이라는 표현도 형체가 있으면서 열반에 들었다는 말이기도 하다. 그러나 두렵다는 화자의 말에 어린 왕자는 "아저씨는 이제 일을 해야 해. 아저씨 기계로 돌아가. 난 여기서 아저씨를 기다리고 있을 테니 내일 저녁에 돌아와"라고 말한다. 그렇다. 그 깨달음의 세계가 아무리 인간이 궁극적으로 추구해야 할 길이라 해도 모두가 밥 숟가락을 놓고 출가할 수는 없는 노릇이다. 아니, 오히려 어떤 발달의 단계도 뛰어넘을 수 없다는 것을 고려하면 깨달은 자가 생활인들에게 일거에 깨달은 상태의 삶을 요구하는 것은 오히려 심각한 병리만 초래할 것이다. 깨달음은 아직 깨닫지 못한 사람들을 위한 것이며 그들은 모두 생활인들이다. 고통으로부터 해탈 추구가 생활 불능의 고통을 더 초래하는 것이어서는 안 된다. 궁극적으로 깨달음은 일상의 삶으로 젖어들어야 한다. 그래서 깨달음의 마지막 경지는 깨달음과 일상의 통일, 중생과 부처의 합일이고 수행과 생활의 통일이다. 어린 왕자는 화자에게 '기계로 돌아가'라고 얘기한다. 그러나 어린 왕자는 아저씨를 기다리겠다고 한다. 의식이 대전환이 있었다 해도 일상은 계속된다. 그러나 그 전환 전과 후의 일상은 이미 다른 세상이다. 어린 왕자에게 돌아가야 할 별이 있듯 우리 모두에게는 우리를 기다리는 어린 왕자가 있으니.

CHAPTER 26

'살아서 죽은 자는 죽어서
죽지 않는다'

우물 옆에는 거의 무너진 낡은 돌담이 있었다. 다음날 저녁, 일을 마치고 돌아오면서 보니 어린 왕자가 그 위에 걸터앉아 다리를 늘어뜨리고 있었다. 그리고 이런 말을 하는 게 들렸다. "생각나지 않니? 정확히 여기는 아니야!"

그가 다시 대꾸를 하는 걸로 미루어 또 다른 목소리가 그에게 대답하는 듯했다.

"아니야, 아니야. 날짜는 맞지만 장소는 여기가 아니야……."

나는 담을 향해서 걸어갔다. 보이는 것도 들리는 것도 없는데 도 어린 왕자는 다시 대꾸를 하고 있었다. "……물론이지. 모 래 위의 내 발자국이 어디서 시작되었는지 가서 봐. 거기서 날 기다리면 돼. 오늘밤 그리로 갈게."

나는 담에서 20미터쯤 떨어져 있었는데 여전히 아무것도 눈에 띄지 않았다.

어린 왕자는 잠시 침묵을 지키다가 다시 말을 이었다.

"네 독은 좋은 거니? 틀림없이 날 오랫동안 아프게 하지 않을 자신이 있지?"

나는 가슴이 두근거려 우뚝 멈춰 섰다. 아무래도 무슨 이야기인지 도무지 알 수가 없었다.

"그럼 이제 가봐. 내려갈 테야."

그제야 나도 담 밑을 내려다보고는 기겁을 하고 말았다!

거기에는 삼십 초 만에 사람을 죽일 수 있는 저 노란 뱀 하나가 어린 왕자를 향해 몸을 꼿꼿이 세우고 있지 않은가. 나는 권총을 꺼내려고 주머니를 뒤지며 막 뛰어갔다. 그러나 내 발자국 소리에 뱀은 모래 속으로 스르르 물줄기가 잦아들 듯 미끄러져 들어가더니 가벼운 금속성 소리를 내며 돌들 사이로 조금도 허둥대지 않고 교묘히 몸을 감추어버렸다.

나는 돌담 밑에 이르러 눈처럼 새하얗게 창백해진 나의 어린 왕자를 간신히 품에 받아 안을 수 있었다. "이게 도대체 무슨 짓이지? 이젠 뱀들과 이야기를 하고 있으니!" 나는 그가 늘 목에 두르고 있는 그 금빛 머플러를 풀었다. 관자놀이에 물을 적시고 물을 마시게 했다. 그러나 이제는 그에게 무어라 물어볼 용기가 나지 않았다. 그는 나를 진지한 빛으로 바라보더니 내 목에 두 팔을 감았다. 카빈총에 맞아 죽어가는 새처럼 그의 가슴이 뛰는 것이 느껴졌다.

"아저씨가 고장 난 기계를 고치게 되어서 기뻐. 아저씬 이제 집에 돌아가게 됐지……."

"그걸 어떻게 알지?"

천만 뜻밖에 기계를 고치는 데 성공했다는 걸 그에게 알리려던 참이 아니었던가!

그는 내 물음에 아무 대답도 않고 이렇게 덧붙였다.

"나도 오늘 집으로 돌아가……."

그러더니 쓸쓸히,

"그건 훨씬 더 멀고……훨씬 더 어려워……."

무엇인지 심상치 않은 일이 일어나고 있다는 것을 나는 느낄 수 있었다. 나는 그를 어린 아기처럼 품에 꼬옥 껴안았다. 그런데도 내가 붙잡을 사이도 없이 그는 깊은 심연 속으로 빠져 들어가고 있는 것만 같은 기분이었다.

그는 물끄러미 아득한 곳을 바라보는 듯 심각한 눈빛이었다.

"나에겐 아저씨가 준 양이 있어. 그리고 그 양을 넣어둘 상자도 있고, 굴레도 있고……."

그는 슬픈 미소를 지었다. 나는 오랜 시간을 기다렸다. 그가 조금씩 몸이 따뜻해지고 있음을 느낄 수 있었다.

"꼬마야, 넌 겁이 났었지……."

그가 무서워하고 있었던 건 틀림없었다! 그러나 그는 부드럽게 웃었다.

"오늘 저녁엔 더 무서울 거야……."

영영 돌이킬 수 없는 어떤 일이 일어나고 있다는 느낌에 나는 다시금 눈앞이 아찔해졌다. 그 웃음소리를 다시는 들을 수 없게 되리라는 생각이 견딜 수 없는 일임을 나는 문득 깨달았다. 그것은 내게는 사막의 샘 같은 것이었다.

"얘, 네 웃음 소리를 다시 듣고 싶어……."

그러나 그는 이렇게 말하는 것이었다.

"오늘 밤으로 꼭 일 년이 돼. 나의 별이 내가 작년 이맘 때 떨어져 내린 그 장소 바로 위쪽에 있게 될 거야."

"얘, 그 뱀이니, 만날 약속이니, 별이니 하는 이야기는 모두 못된 꿈 같은 거 아니니?"

그러나 그는 내 물음에 대답하지 않았다. 그가 말했다. "중요한 건 눈에 보이지 않아."

"물론이지."

"꽃도 마찬가지야. 어느 별에 사는 꽃 한 송이를 사랑한다면 밤에 하늘을 바라보는 게 감미로울 거야. 별들마저 모두 꽃이 필 테니까."

"물론이지……."

"물도 마찬가지야. 아저씨가 내게 마시라고 준 물은 음악 같은 것이었어. 도르래와 밧줄 때문에……기억하지……물맛이 참 좋았지."

"그래……."

"밤이면 별들을 쳐다봐. 내 별은 너무 작아서 어디 있는지 지금 가리켜줄 수가 없어. 그 편이 더 좋아. 내 별은 아저씨에게는 여러 별들 중의 하나가 되는 거지. 그럼 아저씬 어느 별이든지 바라보는 게 즐겁게 될 테니까……그 별들은 모두 아저씨 친구가 될 거야. 그리고 아저씨에게 내가 선물을 하나 하려고 해……."

그는 다시 웃었다.

"아, 어린 왕자야. 난 그 웃음소리가 좋아!"

"그게 바로 내 선물이 될 거야……그건 물도 마찬가지야……."

"무슨 뜻이지?"

"사람들에 따라 별들은 서로 다른 존재야. 여행하는 사람에겐 별은 길잡이지. 또 어떤 사람들에겐 그저 조그만 빛일 뿐이고, 학자인 사람에게는 연구해야 할 대상이고, 내가 만난 사업가에겐 금이지. 하지만 그런 별들은 모두 침묵을 지키고 있어. 아저씬 어느 누구도 갖지 못한 별들을 갖게 될 거야……."

"무슨 뜻이니?"

"밤에 하늘을 바라볼 때면 내가 그 별들 중의 하나에 살고 있을 테니까. 내가 그 별들 중의 하나에서 웃고 있을 테니까, 모든 별들이 다 아저씨에겐 웃고 있는 것처럼 보일 거야. 아저씬 웃을 줄 아는 별들을 가지게 되는 거야!" "

그리고 그는 웃었다.

"그래서 아저씨의 슬픔이 가셨을 때는 (언제나 슬픔은 가시게 마련이니까) 나를 안 것을 기뻐하게 될 거야. 아저씨는 언제까지나 나의 친구로 있을 거야. 나와 함께 웃고 싶을 거고. 그래서 이따금 그저 괜히 창문을 열게 되겠지……. 그럼 아저씨 친구들은 아저씨가 하늘을 바라보며 웃는 걸 보고 굉장히 놀랄 테지. 그러면 그들에게 이렇게 말해줘. '그래, 별들을 보면 언제나 웃음이 나오거든!' 그들은 아저씨가 미쳤다고 생각하겠지. 난 그럼 아저씨에게 못할 짓을 한 셈이 되겠지……."

그러고는 그는 다시 웃었다.

"별들이 아니라 웃을 줄 아는 조그만 방울들을 내가 아저씨에게 한 아름 준 셈이 되는 거지……."

그리고 그는 또 웃었다. 그러더니 다시 심각한 표정이 되었다.

"오늘밤은……. 오지 마."

"난 네 곁을 떠나지 않겠어."

"난 아픈 것같이 보일 거야……. 꼭 죽는 것처럼 보일 거야. 그러게 마련이거든. 그런 걸 보러 오지 마. 그럴 필요 없어."

"난 네 곁을 떠나지 않겠어."

그러나 그는 근심스러운 빛이었다.

"내가 이런 말하는 건……. 뱀 때문이야. 뱀이 아저씨를 물면 안 되거든……. 뱀은 무서워. 괜히 장난 삼아 물기도 하거든……."

"난 네 곁을 떠나지 않을 거야."

그러나 무슨 생각을 했는지 그는 안심하는 듯했다.

"두 번째 물 때는 독이 없다는 게 사실이야……."

그날 밤 나는 그가 길을 떠나는 걸 보지 못했다. 그는 소리 없이 사라져버린 것이었다.

뒤쫓아가서 그를 만났을 때 그는 빠른 걸음으로 주저 없이 걸어가고 있었다. 그는 그저 이렇게 말할 뿐이었다.

"아! 아저씨 왔어……."

그러고는 내 손을 잡았다. 그러나 그는 다시 걱정을 했다.

"아저씨가 온 건 잘못이야. 마음 아파할 텐데, 내가 죽은 듯이 보일 테니까. 정말로 죽는 건 아닌데……."

나는 아무 말도 하지 않았다.

그는 조금 풀이 죽어 있는 듯이 보였다. 그러나 그는 다시 기운을 내려 애쓰고 있었다.

"참 좋겠지. 나도 별들을 바라볼 거야. 모든 별들은 모두 내게 녹슨 도르래가 있는 우물로 보이게 될 테니까. 별들이 모두 내게 마실 물을 부어줄 거야……."

나는 아무 말도 하지 않았다.

"참 재미있겠지! 아저씬 오억 개의 작은 방울들을 가지게 되고 난 오억 개의 샘물을 갖게 될 테니……."

그러고는 그 역시 더 이상 아무 말이 없었다. 그는 울고 있었기 때문이다…….

"저기야. 나 혼자 걸어가게 내버려둬 줘."

그러더니 그는 그 자리에 앉았다. 무서웠기 때문이다.

그가 다시 말했다.

"아저씨……. 내 꽃 말인데……. 나는 그 꽃에 책임이 있어! 더구나 그 꽃은 몹시 연약하거든! 너무나 순진하고, 쓸모없는 네 개의 가시를 가지고 외부 세계에 대해 자기 몸을 방어하려고 하고……."

나는 더 이상 서 있을 수가 없어 주저앉았다. 그가 말했다.

"자……. 이제 다 끝났어……."

그는 또 잠깐 망설이더니 다시 일어섰다. 한 발자국을 내디뎠다. 나는 꼼짝도 할 수가 없었다.

그의 발목에서 노란 한 줄기 빛이 반짝했을 뿐이다. 그는 한 순간 그대로 서 있었다. 그는 소리치지 않았다. 나무가 쓰러

지듯 그는 천천히 쓰러졌다. 모래 바닥이라 소리조차 나지 않았다.

▲ ▲ ▲

웃는 별

마지막 장면에 다시 '지혜의 뱀'이 등장한다. 이 뱀은 앞 장의 커듀시어스의 그 뱀이다. 뱀과의 대화는 어린 왕자의 마지막 도약을 의미한다. 이제 그는 윤회를 끝낼 셈이다. 어린 왕자는 화자가 비행기 수리를 끝냈다는 것을 알고 있다. 화자는 어떻게 알았지? 라고 되묻지만 당연한 것 아니겠는가? 애초에 어린 왕자와 화자는 둘이 아니었다! 동일인 내부의 두 목소리, **사회화된 페르소나에 지친 에고와 본성적으로 영적 진화를 찾는 의식 간의 대화**였으니 말이다. 삶의 동력을 잃고 불모의 사막에 왔던 화자의 내면에서 벌어진 일들이었다. 의식의 비약이 일어나고 그토록 찾아 헤매던 깨달음의 눈을 얻었으니 이제 이 내면의 분리는 영원히 사라져야 한다. 그 사라짐이 여기서는 역설적인 **이별로 묘사되지만 실은 정확히 분열되었던 의식의 합일**이다! 이제 화자와 어린 왕자는 둘이 아니며 가슴 속에서 영원히 일치될 것이다. 그래서 **표면의 화자는 삶의 터전으로 돌아가고 내면의 어린 왕자는 존재의 근원으로 귀향한다.** 즉 해탈한다. 어린 왕자는 말한다.

"그건 훨씬 더 멀고……. 훨씬 더 어려워……."

돈오점수다. 깨우침은 갑작스럽게 오지만 그것이 끝이 아니라 시작이다. 이전의 삶이 유한에 갇힌 삶이었다면 이제야 무한의 지평에 오른 삶이 시작된다. 감각의 눈, 이성의 눈을 지나 영의 눈을 가지고 모든 눈을 통합한 새로운 삶이 시작되는 것이다. 그것은 확실히 더 멀고 어려운 길이다. 그러나 그 어려움은 현실과의 관계에서 보이는 면일 뿐이다. 여기서 가장 깊은 기쁨과 슬픔이 직교한다. 마치 죽음을 앞둔 예수의 '다 이루었나이다' 는 심정과 같을 것이다. 그래서 어린 왕자도 겁이 났던 것이다.

뱀과의 약속이 한 편의 꿈 같은 환상이 아니냐는 화자의 질문에 어린 왕자는 부인하지 않는다. 그러나 곧이어 별도 꽃도 생명수도 그 꿈속의 일이라고 암시함으로써 우리 인생 전체가 우주가 꾸는 거대한 꿈이라는 메시지를 던진다. 그리고 그 일장춘몽의 인생을 관조할 수 있게 되면 웃음을 선물로 받을 것이라고 전한다. 어떻게 그럴 수 있는가?

"사람들에 따라 별들은 서로 다른 존재야. 여행하는 사람에겐 별은 길잡이지. 또 어떤 사람들에겐 그저 조그만 빛일 뿐이고, 학자인 사람에게는 연구해야 할 대상이고, 내가 만난 사업가에겐 금이지. 하지만 그런 별들은 모두 침묵을 지키고 있어. 아저씬 어느 누구도 갖지 못한 별들을 갖게 될 거야……."

"밤에 하늘을 바라볼 때면 내가 그 별들 중의 하나에 살고 있을 테니까. 내가 그 별들 중의 하나에서 웃고 있을 테니까, 모든 별들이 다 아저씨에겐 웃고 있는 것처럼 보일 거야. 아저씬 웃을 줄 아는 별들을 가지게 되는 거야!"

우리는 우리의 마음에 따라 모두 다른 별에 사는 존재들이다. 그러나 생의 방랑자나 학자, 사업가의 별에는 웃음이 없다. 다가오는 죽음과 싸우고 피하면서 의미도 모르는 분주함과 투쟁이 있을 뿐이다. 오직 비이원적 초월의식에 닿아서야 거대한 꿈으로서의 인생을 관조하게 되고, 그러면 **이 인생은 심각하게 싸워야 할 장이 아니라 따뜻하게 웃고 사랑해야**

할 수많은 자기 자신과의 축제라는 것을 알게 된다. 이제 어린 왕자를 통해 화자는 '웃을 줄 아는 별'에 살게 되었다.

해탈

어린 왕자는 여기서 한 발 더 나간다. 화자의 인생은 웃을 줄 아는 별이 되었고 이 순간 자타의 대립 분별은 사라진다. 그래서 이제 다른 모든 별들도 그에게 웃는 별이 되었다. 그것은 별이라기보다 차라리 한 아름의 물방울이다. 모든 뭇 생명과 지복의 공감을 누린다. 그러한 변신이 겉으로 보기에는 꼭 죽는 것만 같다고 한다. 그러나 뱀이 두 번째 물 때는 독이 없다! 첫 번째 무는 것은 에덴의 동산에서 고통스러운 추락을 겪을 때의 상처였을 터다. 삶에 대한 첫 번째 자각은 언어와 계량적 이성, 사회화로 나타났다. 선악과로 나타났고 사리분별로 나타났다. 선/악이라는 이분법의 탄생과 함께 인간은 신성과 자연적 합일 상태에서 깨어나 고통스러운 문명의 길을 걸은 것이다. 그러나 두 번째 무는 것은 영적 도약인 깨달음이다. 그 깨어남은 아프지 않다! 아니 오히려 첫 번째 깨어남으로 인해 발생한 모든 상처를 어루만지고 위로하는 깨어남이다. 그래서 두 번째 물 때는 독이 없다고 말한다. 커듀시어스 뱀의 고통스러운 진화가 탐진치의 방황 끝에 지복의 순간에 도달한 것이다.

어린 왕자는 마지막 순간까지 꽃에 대한 당부를 잊지 않는다. 그 꽃은 어린 왕자에게 최초의 상처를 주었다. 그러나 그 꽃의 의미를 아는 순간 꽃은 다시 온 우주와의 합일이라는 해방감을 주기도 했다. 결국 화자가 다시 돌아가야 할 곳은 상처가 발생한 바로 그 지점에 대한 자기 치유다. **선을 만든 그 마음이 악을 만든 마음과 다르지 않다. 날카롭고 메마른 에고를 만들어낸 그 마음이 자유로운 해탈을 만든 마음과 다르지 않다.** 다만 어린 왕자의 걱정대로 너무나 연약하여 힘든 삶의 여정에서 포기하고 주저앉는 순간, 생은 고해의 반복으로 윤회하는 지옥도에 그치고 만다. 그러나 우리는 얼마나 '쓸모없는 네 개의 가시를 가지고 자기를 방어' 하는 일에 분주한가! 그 **불쌍한 꽃을 끝까지 보살피고 책임져달라는 말은 곧 꽃의 의미를 살려달라는 말이요 자유를 향한 깨우침을 놓지 말아달라는 부탁이다. 대자대비심으로 모든 생명에 대해서. 여기가 끝이다.**

그리고 그 끝은 새로운 시작으로 이어진다. 그래서 **'살아서 죽은 자는 죽어서 죽지 않는다'** 는 말이 전해져 온다. 살아서 자유로운 영혼의 해방을 이룬 이의 혼은 육신과 함께 죽지 않고 영원히 부활하는 영 속에 찬란하게 현현한다.

CHAPTER 27

세상에서 가장 아름답고
가장 슬픈 풍경

그러니까 그게 벌써 여섯 해 전의 일이었다…….

이 이야기를 나는 아직까지 한번도 해본 적이 없다. 나와 다시 만난 친구들은 내가 살아 돌아온 걸 매우 기뻐했다. 나는 슬펐지만 피곤 때문에 그렇게 보일 뿐이라고 그들에게 말했다.

이제는 내 슬픔도 약간 가셨다. 다시 말해……. 완전히 싹 가셔버린 것은 아니라는 뜻이다. 하지만 나는 그가 그의 별로 돌아갔다는 걸 알고 있다. 다음날 해가 떴을 때 그의 몸을 다시 찾아볼 수가 없었던 것이다. 그의 몸은 그리 무겁지 않았다……. 그래서 밤이면 나는 별들에게 귀 기울이기를 좋아한다. 그것들은 흡사 오억 개의 작은 방울들 같았다.

그런데 이상한 일이 일어나고 있지 않은가! 어린 왕자에게 그려준 굴레에 가죽 끈을 달아준다는 걸 내가 잊어버린 것이다. 그래서 나는 '그의 별에 무슨 일이 일어나고 있을까? 양이 꽃을 먹었을까……' 하고 궁금해 하곤 했다.

어느 때는 '천만에, 먹지 않았겠지! 어린 왕자는 그의 꽃을 밤새도록 유리 덮개로 잘 덮어놓겠지. 양을 잘 지킬 테고……' 라고 생각해 본다. 그러면 나는 행복해진다. 그러면 모든 별들이 부럽게 웃는다.

어느 때는 '어쩌다가 방심할 수도 있지. 그러면 끝장인데! 어느 날 밤 유리 덮개 덮는 것을 잊었거나 양이 밤중에 소리 없이 밖으로 나왔을지도 몰라……' 하는 생각이 들기도 한다. 그러면 작은 방울들은 모두 눈물방울들로 변한다!

그것은 정말 커다란 수수께끼다. 어린 왕자를 사랑하는 여러분에게는 나에게도 그렇듯이 이 세상 어딘가에서 우리가 알지 못하는 한 마리 양이 한 송이 장미꽃을 먹었느냐 먹지 않았느냐에 따라서 천지가 온통 달라지게 될 것이다.

하늘을 바라보라. 생각해보라. 양이 그 꽃을 먹었을까, 먹지 않았을까? 그러면 거기에 따라 모든 것이 얼마나 달라지는지 여러분은 알게 되리라. 그런데 그것이 그다지도 중요한가를 어른들은 아무도 이해하지 못할 것이다.

이것은 나에게는 이 세상에서 가장 아름답고, 그리고 가장 슬픈 풍경이다. 이것은 앞 페이지의 것과 같은 풍경이지만 여러분에게 잘 보여주기 위해 다시 한 번 그린 것이다. 어린 왕자가 지상에 나타났다가 다시 사라진 곳이 여기다.

이 그림을 자세히 잘 보아두었다가 여러분이 언젠가 아프리카 사막을 여행할 때, 이와 똑같은 풍경을 꼭 알아볼 수 있기를 바란다. 그리고 혹시 그리로 지나가게 되거든 발걸음을 서두르지 말고 잠깐 별빛 밑에서 기다려보길 간곡히 부탁한다! 그때 만일 한 어린아이가 여러분에게 다가와서 웃으면, 그리고 그의 머리칼이 금빛이면, 그리고 묻는 말에 대답을 하지 않으면 여러분은 그가 누구인지 알아챌 수 있으리라. 그러면 내게 친절을 베풀어주길! 내가 이처럼 마냥 슬퍼하도록 내버려두지 말고 그 애가 돌아왔다고 빨리 편지를 보내주기를…….

———

▲ ▲ ▲

화자는 여섯 해 전의 일이라고 회상하지만 여기서 시간은 의미가 없다. 꿈속에서 시간이 초월되어버리는 것처럼. 문득 깨달음의 세계를 보고 온 사람은 누구에게든 그 세계에 대한 얘기를 하기 쉽지 않다. 무엇보다 그것은 언어 논리로 전달되기 힘들기 때문이다. 말이란 발화되는 순간 이분법을 내포하고 상대의 해석은 불가피하게 그가 철석같이 믿고 있는 색안경에 의해 제멋대로 만들어지기 마련이다. 그래서 깨달음의 이야기들은 한없는 은유에서 은유로 이어지게 된다. 『도덕경』이나 『장자』가 그렇고 『반야심경』과 『금강경』이 그렇고 사대복음이 그렇고 『어린 왕자』가 그렇다.

삶의 의미를 잃은 것처럼 우울해 하던 화자의 일상 복귀를 지인들은 반기겠지만 화자는 다른 종류의 슬픔이 아직 가시지 않았다. 새로운 슬픔은 이제 연민과 자비의 슬픔이다. 그것은 충족되지 못한 에고의 울부짖음이 아니고 꽃을 염려하는 어린 왕자의 애틋함 같은 것이다. 그래서 밤이면 별들에게 귀를 기울이고 오억 개의 물방울을 음미한다.

그러나 여전히 '이상한 일'이 벌어진다. 해탈적 초월의식을 발견했음에도 불구하고 문제적 인생이 사라지지 않는 것이다! 아차, 굴레에 가죽 끈을 달아주지 않았구나. 그래서 양이 다시 꽃을 먹어치울까라는 걱정스러운 상황이 종결되지 않았구나! 어린 왕자가 어쩌다 방심이라도 하면 끝장인데!

그 꽃이 다치면 별의 의미도 사라지고 온 세상이 무너지는데! 이 걱정이 드는 순간 기쁨의 원천이던 작은 물방울들이 '눈물방울'로 변하고 만다! 이 점을 어른이라고 우기는 현대인들이 알지 못한다. 이 걱정이 연민과 자비다. 이제 나에게 상관없는 타인은 아무도 없다. 나와 관계하는 모두, 내 앞에 나타나는 뭇 생명 모두가 또 다른 나다. 모두의 아픔과 슬픔이 내 것이 된다. 그러나 아니, 정확히 보자면 그 온갖 수준과 층들의 균열과 충돌, 갈등 자체가 곧 우주적 생명의 유희다! 그렇게 부딪히고 깨지고 슬퍼하면서 우주는 창조와 진화의 파노라마를 함께 펼친다. 그래서 이 그림은 '가장 아름답고 가장 슬픈' 풍경이다.

화자는 마지막으로 부탁한다. 누구라도 어린 왕자를 발견한 사람은 그에게 알려주는 축복을 달라고. 우리는 오늘 여기서 저 먼 별의 생텍쥐페리에게 편지를 보낸다. 당신의 어린 왕자가 수많은 물방울이 되어 지금, 여기에 내리고 있다.

THE LITTLE PRINCE

The Little Prince

어린 왕자
내 안의 구도자

1판 1쇄 발행 2015년 3월 25일
1판 2쇄 발행 2022년 8월 20일

지은이 박규현
펴낸이 박규현
펴낸곳 도서출판 수신제
유통 · 판매 황금사자(070-7530-8222)

출판등록 2015년 1월 9일 제2015-000013호

주소 경기도 양평군 양서면 청계길 218
전화 070-7530-8222
팩스 0504-064-0890
전자우편 pgyuhyun@gmail.com

ISBN 979-11-954653-1-6 03120
정가 13,000원